# First Finnish Reader for Beginners

Enni Saarinen

# First Finnish Reader for Beginners
## Bilingual for Speakers of English

LANGUAGE
PRACTICE
PUBLISHING

First Finnish Reader for Beginners
by Enni Saarinen

**Audio tracks: www.lppbooks.com/Finnish/FirstFinnishReader_audio/En**
Homepage: www.audiolego.com

Graphics: Audiolego Design
Images: Canstockphoto

Second edition

Copyright © 2015 2018 Language Practice Publishing
Copyright © 2015 2018 Audiolego
This book is in copyright. Subject to statutory exception and to the provisions of relevant collective licensing agreements, no reproduction of any part may take place without the written permission of Language Practice Publishing.

# Table of contents

How to control the playing speed .................................................................................. 7

Elementary level course ................................................................................................ 9

Chapter 1 Robert has a dog .......................................................................................... 10

Chapter 2 They live in San Francisco (the USA) ......................................................... 13

Chapter 3 Are they Germans? ....................................................................................... 15

Chapter 4 Can you help, please? .................................................................................. 18

Chapter 5 Robert lives in the USA now ....................................................................... 21

Chapter 6 Robert has many friends .............................................................................. 24

Chapter 7 David buys a bike ........................................................................................ 27

Chapter 8 Linda wants to buy a new DVD ................................................................... 29

Chapter 9 Paul listens to German songs ....................................................................... 31

Chapter 10 Paul buys textbooks on design ................................................................... 34

Chapter 11 Robert wants to earn some money (part 1) ................................................ 37

Chapter 12 Robert wants to earn some money (part 2) ................................................ 40

Pre-intermediate level course ....................................................................................... 43

Luku 13 Hotellin nimi ................................................................................................... 44

Luku 14 Aspiriini .......................................................................................................... 47

Luku 15 Nancy ja kenguru ............................................................................................ 50

Luku 16 Laskuvarjohyppääjät ....................................................................................... 53

Luku 17 Sammuta kaasu! .............................................................................................. 57

Luku 18 Työvoimatoimisto ........................................................................................... 60

Luku 19 David ja Robert pesevät kuorma-autoa (osa 1) .............................................. 64

Luku 20 David ja Robert pesevät kuorma-autoa (osa 2) .............................................. 67

Luku 21 Oppitunti ......................................................................................................... 71

Luku 22 Paul työskentelee kustantamossa ... 74

Luku 23 Kissojen sääntöjä ... 78

Luku 24 Tiimityötä ... 81

Luku 25 Robert ja David etsivät uutta työtä ... 85

Luku 26 Hakeminen San Franciscon uutisiin ... 89

Luku 27 Poliisipartio (osa 1) ... 93

Luku 28 Poliisipartio (osa 2) ... 98

Luku 29 Koulu ulkomaalaisille opiskelijoille (KUO) ja au paireille ... 103

Finnish-English dictionary ... 107

English-Finnish dictionary ... 119

## How to control the playing speed

The book is equipped with the audio tracks. The address of the home page of the book on the Internet, where audio files are available for listening and downloading, is listed at the beginning of the book on the bibliographic description page before the copyright notice.

We recommend using free **VLC media player** to control the playing speed. You can control the playing speed by decreasing or increasing the speed value on the button of the VLC media player's interface.

**Android users:** After installing VLC media player, click an audio track at the top of a Kapitel or on the home page of the book if you read a paper book. When prompted choose "Open with VLC". If you experience difficulties opening audio tracks with VLC, change default app for music player. Go to Settings→Apps, choose VLC and click "Open by default" or "Set default".

**Kindle Fire users:** After installing VLC media player, click an audio track at the top of a Kapitel or on the home page of the book if you read a paper book. Complete action using →VLC.

**iOS users:** After installing VLC media player, copy the link to an audio track at the top of a Kapitel or on the home page of the book if you read a paper book. Paste it into Downloads section of VLC media player. After the download is complete, go to All Files section and start the downloaded audio track.

**Windows users:** After installing VLC media player, right-click an audio track at the top of a Kapitel or on the home page of the book if you read a paper book. Choose "Open with→VLC media player".

**MacOS users:** After installing VLC media player, right-click an audio track at the top of a Kapitel or on the home page of the book if you read a paper book, then download it. Right-click the downloaded audio track and choose "Get info". Then in the "Open with" section choose VLC media player. You can enable "Change all" to apply this change to all audio tracks.

# 1

**Robertilla on koira**
*Robert has a dog*

## A

**Sanat**
*Words*

1. ei - not
2. hän - he
3. hänen sänkynsä - his; his bed
4. he, ne - they
5. hotelli - hotel
6. hotellit - hotels
7. huone - room
8. huoneet - rooms
9. ikkuna - window
10. ikkunat - windows
11. iso, suuri - big
12. ja - and
13. kadut - streets
14. katu - street
15. kaupat - shops
16. kauppa - shop
17. kirja - book
18. kissa - cat
19. koira - dog
20. kynä - pen
21. kynät - pens
22. liian, liikaa, myös - too
23. minä - I
24. minun - my
25. monta - many
26. mukava, kiva - nice
27. musta - black
28. nämä - these

29. neljä - four
30. nenä - nose
31. nuo - those
32. on, olla, omistaa; Hänellä on kirja. - have; he/she/it has; He has a book.
33. opiskelija - student
34. opiskelijat - students
35. pieni - little
36. (polku)pyörä - bike
37. pöydät - tables
38. pöytä - table
39. puisto - park
40. puistot - parks
41. sana - word
42. sanat - words
43. sängyt - beds
44. sänky - bed
45. silmä - eye
46. silmät - eyes
47. sininen - blue
48. tähti - star
49. tämä - this; tämä kirja - this book
50. teksti - text
51. tuo - that
52. unelma - dream
53. uusi - new
54. vihko, muistikirja, muistivihko - notebook
55. vihkot, vihot, muistikirjat, muistivihkot, muistivihot - notebooks
56. vihreä - green
57. yksi - one

 **B**

### Robertilla on koira

1.Tällä opiskelijalla on kirja. 2.Hänellä on myös kynä.

3.San Fransiscossa on paljon katuja ja puistoja. 4.Tällä kadulla on uusia hotelleja ja kauppoja. 5.Tällä hotellilla on neljä tähteä. 6.Tässä hotellissa on paljon mukavia, isoja huoneita.

7.Tuossa huoneessa on monta ikkunaa. 8.Ja näissä huoneissa ei ole montaa ikkunaa. 9.Näissä huoneissa on neljä sänkyä. 10.Ja näissä huoneissa on yksi sänky. 11.Tuossa huoneessa ei ole montaa pöytää. 12.Ja näissä huoneissa on monta isoa pöytää.

13.Tällä kadulla ei ole yhtään hotellia. 14.Tässä isossa kaupassa on monta ikkunaa.

15.Näillä opiskelijoilla on muistivihkot. 16.Heillä on myös kynät. 17.Robertilla on yksi pieni musta muistivihko. 18.Paulilla on neljä uutta vihreää muistivihkoa.

### *Robert has a dog*

*1.This student has a book. 2.He has a pen too.*

*3.San Francisco has many streets and parks. 4.This street has new hotels and shops. 5.This hotel has four stars. 6.This hotel has many nice big rooms.*

*7.That room has many windows. 8.And these rooms do not have many windows. 9.These rooms have four beds. 10.And those rooms have one bed. 11.That room does not have many tables. 12.And those rooms have many big tables.*

*13.This street does not have hotels. 14.That big shop has many windows.*

*15.These students have notebooks. 16.They have pens too. 17.Robert has one little black notebook. 18.Paul has four new green notebooks.*

19.Tällä opiskelijalla on pyörä. 20.Hänellä on uusi sininen pyörä. 21.Davidilla on myös pyörä. 22.Hänellä hieno musta pyörä.

23.Paulilla on unelma. 24.Minullakin on unelma. 25.Minulla ei ole koiraa. 26.Minulla on kissa. 27.Kissallani on kauniit vihreät silmät. 28.Robertilla ei ole kissaa. 29.Hänellä on koira. 30.Hänen koirallaan on pieni musta nenä.

*19.This student has a bike. 20.He has a new blue bike. 21.David has a bike too. 22.He has a nice black bike.*

*23.Paul has a dream. 24.I have a dream too. 25.I do not have a dog. 26.I have a cat. 27.My cat has nice green eyes. 28.Robert does not have a cat. 29.He has a dog. 30.His dog has a little black nose.*

# 2

**He asuvat San Franciscossa (USA:ssa)**
*They live in San Francisco (the USA)*

## A

**Sanat**
*Words*

1. äiti - mother
2. amerikkalainen - American
3. elää, asua - live
4. hän - she
5. iso, suuri - big
6. kaksi - two
7. Kanada - Canada
8. kanadalainen - Canadian
9. kaupunki - city
10. me - we
11. nälkäinen - hungry; Minulla on nälkä. / Olen nälkäinen. - I am hungry.
12. nyt - now
13. ostaa - buy
14. saksalainen - German
15. sinä / te - you
16. sisar, sisko - sister
17. -ssa, -ssä, olla jossain, sisällä - in
18. -sta/-stä, jostakin - from
19. supermarketti, valintamyymälä - supermarket
20. USA - USA
21. USA:sta - from the USA
22. veli - brother
23. voileipä - sandwich

## B

**He asuvat San Fraciscossa (USA)**

*They live in San Francisco (USA)*

1.San Francisco on iso kaupunki. 2.San Francisco on USA:ssa.

*1.San Francisco is a big city. 2.San Francisco is in the USA.*

3.Tämä on Robert. 4.Robert on opiskelija 5.Hän on nyt San Franciscossa. 6.Robert on kotoisin Saksasta. 7.Hän on saksalainen. 8.Robertilla on äiti, isä, veli ja sisar. 9.He asuvat Saksassa.

10.Tämä on Paul. 11.Paul on myös opiskelija. 12.Hän on kotoisin Kanadasta. 13.Hän on kanadalainen. 14.Paulilla on äiti, isä ja kaksi sisarta. 15.He asuvat Kanadassa.

16.Robert ja Paul ovat nyt supermarketissa. 17.He ovat nälkäisiä. 18.He ostavat voileivät.

19.Tämä on Linda. 20.Linda on amerikkalainen. 21.Linda asuu myös San Franciscossa. 22.Hän ei ole opiskelija.

23.Olen opiskelija. 24.Olen kotoisin Saksasta. 25.Olen nyt San Fraciscossa nyt. 26.Minulla ei ole nälkä.

27.Sinä olet opiskelija. 28. Sinä olet saksalainen. 29. Et ole nyt Saksassa. 30.Sinä olet USA:ssa.

31.Me olemme opiskelijoita. 32.Me olemme nyt USA:ssa.

33.Tämä on polkupyörä. 34.Pyörä on sininen. 35.Pyörä ei ole uusi. 36.Tämä on koira. 37.Koira on musta. 38. Koira ei ole iso.

39.Nämä ovat kauppoja. 40.Nämä kaupat eivät ole isoja. 41.Ne ovat pieniä. 42.Tässä kaupassa on monta ikkunaa. 43.Noissa kaupoissa ei ole montaa ikkunaa. 44.Kissa on huoneessa. 45.Kissat eivät ole huoneessa.

*3.This is Robert. 4.Robert is a student. 5.He is in San Francisco now. 6.Robert is from Germany. 7.He is German. 8.Robert has a mother, a father, a brother and a sister. 9.They live in Germany.*

*10.This is Paul. 11.Paul is a student too. 12.He is from Canada. 13.He is Canadian. 14.Paul has a mother, a father and two sisters. 15.They live in Canada.*

*16.Robert and Paul are in a supermarket now. 17.They are hungry. 18.They buy sandwiches.*

*19.This is Linda. 20.Linda is American. 21.Linda lives in San Francisco too. 22.She is not a student.*

*23.I am a student. 24.I am from Germany. 25.I am in San Francisco now. 26.I am not hungry.*

*27.You are a student. 28.You are German. 29.You are not in Germany now. 30.You are in the USA.*

*31.We are students. 32.We are in the USA now.*

*33.This is a bike. 34.The bike is blue. 35.The bike is not new. 36.This is a dog. 37.The dog is black. 38.The dog is not big.*

*39.These are shops. 40.The shops are not big. 41.They are little. 42.That shop has many windows. 43.Those shops do not have many windows. 44.That cat is in the room. 45.Those cats are not in the room.*

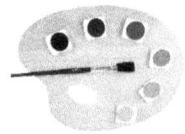

# 3

## Ovatko he saksalaisia?
*Are they Germans?*

### A

**Sanat**
*Words*

1. CD-soitin - CD player
2. ei - no
3. eläin - animal
4. espanjalainen, espanjankielinen - Spanish
5. hänen kirjansa - her
6. kahvila - café
7. kaikki - all
8. kartta - map
9. kuinka - how
10. kyllä - yes
11. -lla/-llä, olla jonkin päällä - on
12. meidän - our
13. mies, ihminen - man
14. missä - where
15. nainen - woman
16. olla jossain - at
17. poika - boy
18. se - it
19. sinä / te - you
20. talo - house

### B

**Ovatko he saksalaisia?**                                            *Are they Germans?*
1                                                                     *1*
- Olen poika. Olen huoneessa.                                         - *I am a boy. I am in the room.*
- Oletko sinä amerikkalainen?                                         - *Are you American?*
- Ei, en ole. Olen saksalainen.                                       - *No, I am not. I am German.*

- Oletko opiskelija?
- Kyllä minä olen opiskelija.

### 2

- Tässä on nainen. Nainen on myös huoneessa.
- Onko hän saksalainen?
- Ei hän ole. Hän on amerikkalainen.
- Onko hän opiskelija?
- Ei, hän ei ole opiskelija.
- Tässä on mies. Hän istuu pöydän ääressä.
- Onko hän amerikkalainen?
- Kyllä, hän on amerikkalainen.

### 3

- Nämä ovat opiskelijoita. He ovat puistossa.
- Ovatko he kaikki amerikkalaisia?
- Ei, eivät he kaikki ole amerikkalaisia. He ovat Saksasta, USA:sta ja Kanadasta.

### 4

- Tämä on pöytä. Se on iso.
- Onko se uusi?
- Kyllä,e on uusi.

### 5

- Tämä on kissa. Se on huoneessa.
- Onko se musta?
- Kyllä se on. Se on musta ja kaunis.

### 6

- Nämä ovat polkupyöriä. Ne ovat talon vieressä.
- Ovatko ne mustia?
- Kyllä ne ovat mustia.

### 7

- Onko sinulla muistivihkoa?
- Kyllä minulla on.
- Kuinka monta muistivihkoa sinulla on?
- Minulla on kaksi muistivihkoa.

### 8

- Onko hänellä kynää?
- Kyllä hänellä on.
- Kuinka monta kynää hänellä on?
- Hänellä on yksi kynä.

### 9

- Onko hänellä polkupyörää?
- Kyllä hänellä on.
- Onko hänen pyöränsä sininen?
- Ei ole. Hänen pyöränsä ei ole sininen. Se on vihreä.

### 10

- Onko sinulla espanjan kielistä kirjaa?

---

- *Are you a student?*
- *Yes, I am. I am a student.*

### 2

- *This is a woman. The woman is in the room too.*
- *Is she German?*
- *No, she is not. She is American.*
- *Is she a student?*
- *No, she is not. She is not a student.*
- *This is a man. He is at the table.*
- *Is he American?*
- *Yes, he is. He is American.*

### 3

- *These are students. They are in the park.*
- *Are they all Americans?*
- *No, they are not all Americans. They are from Germany, the USA and Canada.*

### 4

- *This is a table. It is big.*
- *Is it new?*
- *Yes, it is. It is new.*

### 5

- *This is a cat. It is in the room.*
- *Is it black?*
- *Yes, it is. It is black and nice.*

### 6

- *These are bikes. They are at the house.*
- *Are they black?*
- *Yes, they are. They are black.*

### 7

- *Do you have a notebook?*
- *Yes, I have.*
- *How many notebooks have you?*
- *I have two notebooks.*

### 8

- *Does he have a pen?*
- *Yes, he has.*
- *How many pens have he?*
- *He has one pen.*

### 9

- *Does she have a bike?*
- *Yes, she has.*
- *Is her bike blue?*
- *No, it is not. Her bike is not blue. It is green.*

### 10

- *Do you have a Spanish book?*

- Ei ole. Minulla ei ole yhtään espanjankielistä kirjaa. Minulla ei ole kirjoja.

### 11
- Onko hänellä kissa?
- Ei ole. Hänellä ei ole kissaa. Hänellä ei ole eläimiä.

### 12
- Onko teillä cd-soitin?
- Ei, meillä ei ole cd-soitinta.

### 13
- Missä karttamme on?
- Karttamme on huoneessa.
- Onko se pöydällä?
- Kyllä se on.

### 14
- Missä pojat ovat?
- He ovat kahvilassa.
- Missä pyörät ovat?
- Ne ovat kahvilan edessä.
- Missä Paul on?
- Hän on myös kahvilassa.

*- No, I do not. I do not have a Spanish book. I have no books.*

### 11
*- Does she have a cat?*
*- No, she does not. She does not have a cat. She has no animal.*

### 12
*- Do you have a CD player?*
*- No, we do not. We do not have a CD player.*

### 13
*- Where is our map?*
*- Our map is in the room.*
*- Is it on the table?*
*- Yes, it is.*

### 14
*- Where are the boys?*
*- They are in the café.*
*- Where are the bikes?*
*- They are at the café.*
*- Where is Paul?*
*- He is in the café too.*

# 4

**Voitko ystävällisesti auttaa?**
*Can you help, please?*

## A

**Sanat**
*Words*

1. apu; auttaa - help; to help
2. asettaa, laittaa; paikka - place
3. ei täydy, ei pidä, ei kuulu, ei tarvitse, ei saa - must not
4. istua - sit
5. kiittää - thank; kiitoksia, kiitos, kiitti - thank you, thanks
6. kirjoittaa - write
7. leikkiä, pelata, soittaa - play
8. -lle, jollekin, jotakin varten - for
9. lukea - read
10. mennä; Minä menen pankkiin. - go; I go to the bank.
11. mutta - but
12. ole hyvä, olkaa hyvä (olisitko ystävällinen) - please
13. oppia - learn
14. osoite - address
15. ottaa - take
16. pankki - bank
17. puhua - speak
18. saada, olla lupa - may
19. täytyy, pitää, kuuluu, tarvitsee - must; Minun täytyy mennä. / Minun pitää mennä. - I must go.
20. voida, kyetä, osata; Minä osaan lukea. - can; I can read.

## B

### Voitko ystävällisesti auttaa?

**1**
- Voitko ystävällisesti auttaa minua?
- Kyllä minä voin.
- En osaa kirjoittaa osoitetta englanniksi. Voitko kirjoittaa sen minun puolestani?
- Kyllä minä voin.
- Kiitos.

**2**
- Osaatko pelata tennistä?
- Ei, en osaa. Mutta voin opetella. Voitko auttaa minua oppimaan?
- Kyllä, minä voin opettaa sinua pelaamaan tennistä.
- Kiitos.

**3**
- Osaatko puhua englantia?
- Osaan puhua ja lukea englantia, mutta en osaa kirjoittaa sitä.
- Osaatko puhua saksaa?
- Kyllä, osaan puhua, lukea ja kirjoittaa saksaa.
- Osaako Linda myös saksaa?
- Ei hän osaa. Hän on amerikkalainen.
- Puhuvatko he englantia?
- Kyllä, he puhuvat vähän. He ovat opiskelijoita ja opettelevat englantia.
- Tämä poika ei osaa puhua lainkaan englantia.

**4**
- Missä he ovat?
- He pelaavat parhaillaan tennistä.
- Voimmeko mekin pelata?
- Kyllä me voimme.

**5**
- Missä Robert on?
- Hän saattaa olla kahvilassa.

**6**
- Istu tähän pöytään, ole hyvä.
- Kiitos. Voinko laittaa kirjani tälle pöydälle?
- Kyllä voit.

**7**
- Saakoko Paul istua tähän pöytään?
- Kyllä hän saa.

### *Can you help, please?*

*1*
- *Can you help me, please?*
- *Yes, I can.*
- *I cannot write the address in English. Can you write it for me?*
- *Yes, I can.*
- *Thank you.*

*2*
- *Can you play tennis?*
- *No, I cannot. But I can learn. Can you help me to learn?*
- *Yes, I can help you to learn to play tennis.*
- *Thank you.*

*3*
- *Can you speak English?*
- *I can speak and read English but I cannot write.*
- *Can you speak German?*
- *I can speak, read and write German.*
- *Can Linda speak German too?*
- *No, she cannot. She is American.*
- *Can they speak English? Yes, they can a little. They are students and they learn English.*
- *This boy cannot speak English.*

*4*
- *Where are they?*
- *They play tennis now.*
- *May we play too?*
- *Yes, we may.*

*5*
- *Where is Robert?*
- *He may be at the café.*

*6*
- *Sit at this table, please.*
- *Thank you. May I place my books on that table?*
- *Yes, you may.*

*7*
- *May Paul sit at his table?*
- *Yes, he may.*

### 8
- Saanko istua hänen sängylleen?
- Ei, et saa.
- Saako Linda ottaa hänen cd- soittimensa?
- Ei, hän ei saa ottaa hänen cd- soitintaan.

### 9
- Saavatko he ottaa hänen karttansa?
- Ei, he eivät saa.

### 10
- Sinun ei tulisi istua hänen sängyllään.
- Hänen ei tulisi ottaa hänen cd- soitintaan.
- Heidän ei tulisi ottaa näitä muistivihkoja.

### 11
- Minun täytyy mennä pankkiin.
- Täytyykö sinun mennä heti?
- Kyllä minun täytyy.

### 12
- Täytyykö sinun opetella saksaa?
- Minun ei tarvitse opetella saksaa. Minun täytyy opetella englantia.

### 13
- Täytyykö hänen mennä pankkiin?
- Ei, hänen ei tarvitse mennä pankkiin.

### 14
- Saanko ottaa tämän pyörän?
- Ei, et saa ottaa tätä pyörää.
- Saammeko laittaa nämä muistivihot hänen sängylleen?
- Ei, ette saa laittaa muistivihkoja hänen sängylleen.

### 8
- *May I sit on her bed?*
- *No, you must not.*
- *May Linda take his CD player?*
- *No. She must not take his CD player.*

### 9
- *May they take her map?*
- *No, they may not.*

### 10
- *You must not sit on her bed.*
- *She must not take his CD player.*
- *They must not take these notebooks.*

### 11
- *I must go to the bank.*
- *Must you go now?*
- *Yes, I must.*

### 12
- *Must you learn German?*
- *I need not learn German. I must learn English.*

### 13
- *Must she go to the bank?*
- *No. She need not go to the bank.*

### 14
- *May I take this bike?*
- *No, you must not take this bike.*
- *May we place these notebooks on her bed?*
- *No. You must not place the notebooks on her bed.*

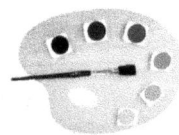

# 5

## Robert asuu nyt USA:ssa
*Robert lives in the USA now*

### A

**Sanat**
*Words*

1. aamiainen, aamupala; syödä aamiaista - breakfast; have breakfast
2. haluta, tahtoa - want
3. huonekalu - furniture
4. hyvä (adj.), hyvin (adv.) - good, well
5. ihmiset - people
6. joitain, joitakin, muutama - some
7. juoda - drink
8. kahdeksan - eight
9. kolme - three
10. kuunnella; Minä kuuntelen musiikkia. - listen; I listen to music.
11. kuusi - six
12. maatila - farm
13. musiikki - music
14. pitää, tykätä - like
15. rakastaa - love
16. sanomalehti - newspaper
17. seitsemän - seven
18. siellä - there
19. syödä - eat
20. tarvita - need
21. tee - tea
22. tori - square
23. tuoli - chair
24. tyttö - girl
25. viisi - five

# B

## Robert asuu nyt USA:ssa

**1**
Linda lukee hyvin englantia. Minä luen myös englantia. Opiskelijat menevät puistoon. Hän menee myös puistoon.

**2**
Me asumme San Franciscossa. Paul asuu nyt myös San Franciscossa. Hänen isänsä ja äitinsä asuvat Kanadassa. Robert asuu nyt San Franciscossa. Hänen isänsä ja äitinsä asuvat Saksassa.

**3**
Opiskelijat pelaavat tennistä. Paul pelaa hyvin. Robert ei pelaa hyvin.

**4**
Me juomme teetä. Linda juo vihreää teetä. David juo mustaa teetä. Minä juon myös mustaa teetä.

**5**
Minä kuuntelen musiikkia. Sarah kuuntelee myös musiikkia. Hän pitää hyvän musiikin kuuntelemisesta.

**6**
Minä tarvitsen kuusi muistivihkoa. David tarvitsee seitsemän muistivihkoa. Linda tarvitsee kahdeksan muistivihkoa.

**7**
Sarah haluaa juoda jotain. Minä haluan myös juoda jotain. Paul haluaa syödä jotain.

**8**
Tuolla on sanomalehti pöydällä. Paul ottaa sen ja lukee sitä. Hän pitää sanomalehden lukemisesta.

**9**
Huoneessa on joitakin huonekaluja. Siellä on kuusi pöytää ja kuusi tuolia.

**10**
Huoneessa on kolme tyttöä. He syövät aamiaista.

**11**
Sarah syö leipää ja juo teetä. Hän pitää vihreästä teestä.

## *Robert lives in the USA now*

*1*
*Linda reads English well. I read English too. The students go to the park. She goes to the park too.*

*2*
*We live in San Francisco. Paul lives in San Francisco now too. His father and mother live in Canada. Robert lives in San Francisco now. His father and mother live in Germany.*

*3*
*The students play tennis. Paul plays well. Robert does not play well.*

*4*
*We drink tea. Linda drinks green tea. David drinks black tea. I drink black tea too.*

*5*
*I listen to music. Sarah listens to music too. She likes to listen to good music.*

*6*
*I need six notebooks. David needs seven notebooks. Linda needs eight notebooks.*

*7*
*Sarah wants to drink. I want to drink too. Paul wants to eat.*

*8*
*There is a newspaper on the table. Paul takes it and reads. He likes to read newspapers.*

*9*
*There is some furniture in the room. There are six tables and six chairs there.*

*10*
*There are three girls in the room. They are eating breakfast.*

*11*
*Sarah is eating bread and drinking tea. She likes green tea.*

### 12
Pöydällä on joitakin kirjoja. Ne eivät ole uusia. Ne ovat vanhoja.

### 13
- Onko tällä kadulla pankkia?
- Kyllä on. Tällä kadulla on viisi pankkia. Pankit eivät ole isoja.

### 14
- Onko torilla ihmisiä?
- Kyllä. Torilla on muutama ihminen.

### 15
- Onko kahvilan edessä pyöriä?
- Kyllä siellä on. Kahvilan edessä on neljä pyörää. Ne eivät ole uusia.

### 16
- Onko tällä kadulla hotellia?
- Ei ole. Tällä kadulla ei ole hotelleja.

### 17
- Onko tällä kadulla yhtään isoja kauppoja?
- Ei ole. Tällä kadulla ei ole isoja kauppoja.

### 18
- Onko USAssa maatiloja?
- Kyllä siellä on. USAssa on paljon maatiloja.

### 19
- Onko tässä huoneessa huonekaluja?
- Kyllä siellä on. Siellä on neljä pöytää ja muutama tuoli.

### 12
*There are some books on the table. They are not new. They are old.*

### 13
- *Is there a bank in this street?*
- *Yes, there is. There are five banks in this street. The banks are not big.*

### 14
- *Are there people in the square?*
- *Yes, there are. There are some people in the square.*

### 15
- *Are there bikes at the café?*
- *Yes, there are. There are four bikes at the café. They are not new.*

### 16
- *Is there a hotel in this street?*
- *No, there is not. There are no hotels in this street.*

### 17
- *Are there any big shops in that street?*
- *No, there are not. There are no big shops in that street.*

### 18
- *Are there any farms in the USA?*
- *Yes, there are. There are many farms in the USA.*

### 19
- *Is there any furniture in that room?*
- *Yes, there is. There are four tables and some chairs there.*

# 6

## Robertilla on monta ystävää
*Robert has many friends*

 **A**

**Sanat**
*Words*

1. alla - under
2. auto - car
3. CD - CD
4. Davidin kirja - David's book
5. isä - dad
6. jonnekin - into
7. kahvi - coffee
8. liesi, hella - cooker
9. monta - many
10. ovi - door
11. paljon - much
12. puhdas - clean
13. samoin, myös - as well
14. tietää, tuntea - know
15. tietokone - computer
16. toimisto - agency
17. tulla / mennä - come / go
18. työ, työpaikka - job; työ; olla paljon töitä / työtä - work; have a lot of work
19. työvoimatoimisto - job agency
20. vapaa; vapaa-aika - free; free time
21. ystävä - friend

## B

## Robertilla on monta ystävää

**1**
Robertilla on monta ystävää. Robertin ystävät menevät kahvilaan. He pitävät kahvin juomisesta. Robertin ystävät juovat paljon kahvia.

**2**
Paulin isällä on auto. Hänen isänsä auto on puhdas, mutta vanha. Paulin isä ajaa paljon. Hänellä on hyvä työpaikka ja hänellä on tällä hetkellä paljon töitä.

**3**
Davidilla on paljon CD:eitä. Davidin CD:t ovat hänen sängyllään. Davidin CD- soitin on myös hänen sängyllään.

**4**
Robert lukee amerikkalaisia sanomalehtiä. Robertin huoneessa olevalla pöydällä on monta sanomalehteä.

**5**
Nancylla on kissa ja koira. Nancyn kissa on hänen huoneessaan sängyn alla. Nancyn koira on myös hänen huoneessaan.

**6**
Autossa on mies. Miehellä on kartta. Miehen kartta on iso. Tämä mies ajaa paljon.

**7**
Minä olen opiskelija. Minulla on paljon vapaa-aikaa. Minä menen työvoimatoimistoon. Minä tarvitsen hyvän työn.

**8**
Paulilla ja Robertilla on hiukan vapaa- aikaa. Myös he menevät työvoimatoimistoon. Paulilla on tietokone. Työvoimatoimisto saattaa antaa Paulille hyvän työn.

**9**
Lindalla on uusi liesi. Lindan liesi on hyvä ja puhdas. Linda valmistaa aamupalaa lapsilleen. Nancy ja David ovat Lindan lapsia. Lindan lapset juovat paljon teetä. Heidän äitinsä juo vähän kahvia. Nancyn äiti osaa puhua vain muutaman sanan saksaa. Hän puhuu saksaa todella vähän. Lindalla on työpaikka. Hänellä on vähän vapaa-aikaa.

## *Robert has many friends*

***1***
*Robert has many friends. Robert's friends go to the café. They like to drink coffee. Robert's friends drink a lot of coffee.*

***2***
*Paul's dad has a car. The dad's car is clean but old. Paul's dad drives a lot. He has a good job and he has a lot of work now.*

***3***
*David has a lot of CDs. David's CDs are on his bed. David's CD player is on his bed as well.*

***4***
*Robert reads American newspapers. There are many newspapers on the table in Robert's room.*

***5***
*Nancy has a cat and a dog. Nancy's cat is in the room under the bed. Nancy's dog is in the room as well.*

***6***
*There is a man in this car. This man has a map. The man's map is big. This man drives a lot.*

***7***
*I am a student. I have a lot of free time. I go to a job agency. I need a good job.*

***8***
*Paul and Robert have a little free time. They go to the job agency as well. Paul has a computer. The agency may give Paul a good job.*

***9***
*Linda has a new cooker. Linda's cooker is good and clean. Linda cooks breakfast for her children. Nancy and David are Linda's children. Linda's children drink a lot of tea. The mother drinks a little coffee. Nancy's mother can speak very few German words. She speaks German very little. Linda has a job. She has little free time.*

## 10

Robert osaa puhua vähän englantia. Hän tietää vain muutaman sanan englantia. Minä tiedän paljon englanninkielisiä sanoja. Minä osaan puhua hieman englantia. Tämä nainen tietää paljon englanninkielisiä sanoja. Hän osaa puhua hyvin englantia.

## 11

George työskentelee työvoimatoimistossa. Tämä työvoimatoimisto on San Franciscossa. Georgella on auto. Georgen auto on kadulla. Georgella on paljon töitä. Hänen täytyy mennä toimistolle. Hän ajaa sinne. George tulee toimistolle. Siellä on paljon opiskelijoita. He tarvitsevat työtä. Georgen työ on auttaa opiskelijoita.

## 12

Hotellin edessä on auto. Tämän auton ovet eivät ole puhtaat. Tässä hotellissa asuu monia opiskelijoita. Hotellin huoneet ovat pieniä, mutta puhtaita. Tämä on Robertin huone. Huoneen ikkuna on iso ja puhdas.

## *10*

*Robert can speak English little. Robert knows very few English words. I know a lot of English words. I can speak English a little. This woman knows a lot of English words. She can speak English well.*

## *11*

*George works at a job agency. This job agency is in San Francisco. George has a car. George's car is in the street. George has a lot of work. He must go to the agency. He drives there. George comes into the agency. There are a lot of students there. They need jobs. George's job is to help the students.*

## *12*

*There is a car at the hotel. The doors of this car are not clean. Many students live in this hotel. The rooms of the hotel are little but clean. This is Robert's room. The window of the room is big and clean.*

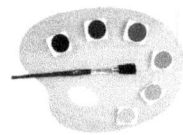

# 7

## David ostaa polkupyörän
*David buys a bike*

### A

**Sanat**
*Words*

1. aamu - morning
2. aika - time
3. ajaa pyörällä - go by bike, ride a bike
4. bussi, linja-auto; mennä bussilla / mennä linja-autolla - bus; go by bus
5. (jonkun) kanssa - with
6. jono - queue
7. kasvot (pl.) - face
8. keittiö - kitchen
9. keskusta; kaupungin keskusta - centre; city centre
10. koti; mennä kotiin - home; go home
11. kylpyhuone; kylpyamme - bathroom; bath
12. kylpyhuoneen pöytä - bathroom table
13. lauantai - Saturday
14. pestä - wash
15. pyykkikone, pesukone - washer
16. sitten; sen jälkeen - then; after that
17. tänään - today
18. tehdä, valmistaa; kahvinkeitin - make; coffee-maker
19. toimisto - office
20. työntekijä - worker
21. urheilu; urheilukauppa - sport; sport shop
22. urheilupyörä - sport bike
23. välipala - snack
24. yksi kerrallaan - one by one
25. yritykset - firms
26. yritys - firm

# B

## David ostaa polkupyörän

On lauantaiaamu. David menee kylpyyn. Kylpyhuone ei ole iso. Siellä on kylpyamme, pyykkikone ja pöytä. David pesee kasvonsa. Sitten hän menee keittiöön. Keittiön pöydällä on teenkeitin. David syö aamiaisensa. Davidin aamiainen ei ole iso. Sitten hän keittää kahvia kahvinkeittimellä ja juo sen. Hän haluaa mennä tänään urheilukauppaan. David menee kadulle. Hän ottaa bussin numero seitsemän. Davidilla menee hetki aikaa mennä bussilla kauppaan. David menee urheilukauppaan. Hän haluaa ostaa uuden urheilupyörän. Siellä on paljon urheilupyöriä. Ne ovat mustia, sinisiä ja vihreitä. David pitää sinisistä pyöristä. Hän haluaa ostaa sinisen pyörän. Kaupassa on jonoa. Davidilla kestää kauan ostaa pyörä. Sitten hän menee kadulle ja ajaa pyörällä. Hän ajaa kaupungin keskustaan. Sitten hän ajaa kaupungin keskustasta kaupungin puistoon. On niin mukavaa ajaa uudella urheilupyörällä!

On lauantaiaamu, mutta George on toimistollaan. Hänellä on paljon töitä tänään. Georgen toimiston oven edessä on jonoa. Jonossa on monta opiskeljaa ja työntekijää. He tarvitsevat työtä. He menevät yksi kerrallaan Georgen toimistoon. He puhuvat Georgen kanssa. Sitten hän antaa heille yrityksien osoitteita.
Nyt on välipalan aika. George keittää kahvia kahvinkeittimellä. Hän syö välipalansa ja juo kahvia. Nyt hänen toimistonsa oven edessä ei ole enää jonoa. George voi mennä kotiin. Hän menee kadulle. On niin kaunis päivä! George menee kotiin. Hän hakee lapsensa ja menee kaupungin puistoon. Siellä he pitävät hauskaa.

## David buys a bike

*It is Saturday morning. David goes to the bathroom. The bathroom is not big. There is a bath, a washer and a bathroom table there. David washes his face. Then he goes to the kitchen. There is a tea-maker on the kitchen table. David eats his breakfast. David's breakfast is not big. Then he makes some coffee with the coffee-maker and drinks it. He wants to go to a sport shop today. David goes into the street. He takes bus seven. It takes David a little time to go to the shop by bus.*
*David goes into the sport shop. He wants to buy a new sport bike. There are a lot of sport bikes there. They are black, blue and green. David likes blue bikes. He wants to buy a blue one. There is a queue in the shop. It takes David a lot of time to buy the bike. Then he goes to the street and rides the bike. He rides to the city centre. Then he rides from the city centre to the city park. It is so nice to ride a new sport bike!*

*It is Saturday morning but George is in his office. He has a lot of work today. There is a queue to George's office. There are many students and workers in the queue. They need a job. They go one by one into George's room. They speak with George. Then he gives addresses of firms.*
*It is snack time now. George makes some coffee with the coffee maker. He eats his snack and drinks some coffee. There is no queue to his office now. George can go home. He goes into the street. It is so nice today! George goes home. He takes his children and goes to the city park. They have a nice time there.*

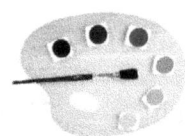

# 8

## Linda haluaa ostaa uuden DVD:n
*Linda wants to buy a new DVD*

### A

**Sanat**
*Words*

1. antaa - give, hand
2. DVD - DVD
3. elokuva - film
4. että; Tiedän, että tämä kirja on mielenkiintoinen. - that; I know that this book is interesting.
5. kaksikymmentä - twenty
6. kestää; Elokuva kestää yli kolme tuntia. - last, take; The movie lasts more than three hours.
7. kuin - than; George on vanhempi kuin Linda. - George is older than Linda.
8. kuppi - cup
9. kysyä, pyytää - ask
10. laatikko - box
11. lähteä - go away
12. lempi-, mieli-, suosikki- - favourite
13. lempielokuva, mielielokuva, suosikkielokuva - favourite film
14. lisää, enemmän - more
15. mielenkiintoinen - interesting
16. myyjä - shop assistant
17. näyttää - show
18. nuori - young
19. pitkä - long
20. sanoa - say
21. seikkailu - adventure

22. suuri, suurempi, suurin - big / bigger / the biggest
23. tunti - hour
24. videokasetti - videocassette
25. videokauppa - video-shop
26. viisitoista - fifteen
27. ystävällinen - friendly

## B

### Linda haluaa ostaa uuden DVD:n

David ja Nancy ovat Lindan lapsia. Nancy on nuorin lapsi. Hän on viisi vuotta vanha. David on viisitoista vuotta vanhempi kuin Nancy. Hän on kaksikymmentä. Nancy on paljon nuorempi kuin David.
Nancy, Linda ja David ovat keittiössä. He juovat teetä. Nancyn kuppi on suuri. Lindan kuppi on suurempi. Davidin kuppi on suurin.
Lindalla on paljon videokasetteja ja DVD:itä, joilla on mielenkiintoisia elokuvia. Hän haluaa ostaa uudemman elokuvan. Hän menee videokauppaan. Siellä on monta laatikkoa videokasetteja ja DVD:itä. Hän pyytää myyjää auttamaan häntä. Myyjä antaa Lindalle joitakin elokuvia. Linda haluaa tietää enemmän näistä elokuvista, mutta myyjä lähtee pois.
Kaupassa on toinen myyjä ja hän on ystävällisempi. Hän kysyy Lindalta hänen lempielokuvistaan. Linda pitää romanttisista elokuvista ja seikkailuelokuvista.
Elokuva "Titanic" on hänen lempielokuvansa. Myyjä näyttää Lindalle DVD:tä, jolla on uusin Hollywoodelokuva "Saksalainen ystävä". Se kertoo erään miehen ja erään nuoren naisen romanttisesta seikkailusta USA:ssa.
Hän näyttää Lindalle myös DVD:tä, jolla on elokuva "Yritys". Myyjä sanoo, että elokuva "Yritys" on yksi mielenkiintoisimmista elokuvista. Ja se on myös yksi pisimmistä elokuvista. Se kestää yli kolme tuntia. Linda pitää pitkistä elokuvista. Hän sanoo, että "Titanic" on pisin ja mielenkiintoisin elokuva, joka hänellä on. Linda ostaa DVD:n, jolla on elokuva "Yritys". Hän kiittää myyjää ja lähtee.

### *Linda wants to buy a new DVD*

*David and Nancy are Linda's children. Nancy is the youngest child. She is five years old. David is fifteen years older than Nancy. He is twenty. Nancy is much younger than David. Nancy, Linda and David are in the kitchen. They drink tea. Nancy's cup is big. Linda's cup is bigger. David's cup is the biggest.*
*Linda has a lot of videocassettes and DVDs with interesting films. She wants to buy a newer film. She goes to a video-shop. There are many boxes with videocassettes and DVDs there. She asks a shop assistant to help her. The shop assistant hands Linda some cassettes. Linda wants to know more about these films but the shop assistant goes away. There is one more shop assistant in the shop and she is friendlier. She asks Linda about her favorite films. Linda likes romantic films and adventure films. The film "Titanic" is her favorite film. The shop assistant shows Linda a DVD with the newest Hollywood film "The German Friend". It is about romantic adventures of a man and a young woman in the USA.*
*She shows Linda a DVD with the film "The Firm" as well. The shop assistant says that the film "The Firm" is one of the most interesting films. And it is one of the longest films as well. It is more than three hours long. Linda likes longer films. She says that "Titanic" is the most interesting and the longest film that she has. Linda buys a DVD with the film "The Firm". She thanks the shop assistant and goes.*

# 9

## Paul kuuntelee saksalaista musiikkia
*Paul listens to German songs*

### A

**Sanat**
*Words*

1. aloittaa, alkaa - begin
2. ennen - before
3. hattu - hat
4. hävettää - be ashamed; häntä hävettää - he is ashamed
5. huutaa, kutsua, soittaa (puhelimella) - call; puhelinkeskus - call centre
6. hypätä; hyppy - jump
7. hyvin, erittäin - very
8. joka, jokainen - every
9. juosta, hölkätä, lenkkeillä - run
10. koska - because
11. läheisyys - nearness
12. lähellä - near, nearby, next
13. laukku - bag
14. laulaa - sing; laulaja - singer
15. lause - phrase
16. leipä - bread
17. minuutti - minute
18. nimi; nimittää - name; nennen
19. noin - about
20. opiskelija-asuntola - dorms
21. pää - head; suunnata, mennä - to head, to go

22. päivä - day
23. perhe - family
24. pitää - like; Minä pidän siitä. - I like that.
25. pois(sa) käytöstä - out of order
26. puhelin - telefone; soittaa (puhelimella) - to telephone
27. soittaa puhelimella - call on the phone
28. voi - butter
29. yksinkertainen - simple

## B

### Paul kuuntelee saksalaista musiikkia

Carol on opiskelija. Hän on kaksikymmentä vuotta vanha. Carol on Espanjasta. Hän asuu opiskelija-asuntolassa. Hän on hyvin mukava tyttö. Carolilla on päällään sininen mekko. Päässään hänellä on hattu.
Carol haluaa soittaa tänään perheelleen. Hän menee puhelinkeskukseen, koska hänen puhelimensa ei ole käytössä. Puhelinkeskus on kahvilan edessä. Carol soittaa perheelleen. Hän puhuu äitinsä ja isänsä kanssa. Puhelu kestää noin viisi minuuttia. Sitten hän soittaa ystävälleen Angelalle. Tämä puhelu kestää noin kolme minuuttia.

Robert pitää urheilusta. Hän menee joka aamu hölkkäämään puistoon lähellä opiskelija-asuntolaa. Hän juoksee myös tänään. Hän hyppii myös. Hänen hyppynsä ovat hyvin pitkiä. Paul ja David ovat juoksemassa ja hyppimässä Robertin kanssa. Davidin hypyt ovat pidempiä. Paulin hypyt ovat pisimpiä. Hän hyppii kaikista parhaiten. Sitten Robert ja Paul juoksevat opiskelija-asuntolaan ja David juoksee kotiin.
Robert syö aamiaista huoneessaan. Hän hakee leipää ja voita. Hän keittää kahvia kahvinkeittimellä. Sitten hän voitelee leivän ja syö.
Robert asuu opiskelija- asuntolassa San Franciscossa. Hänen huoneensa on lähellä Paulin huonetta. Robertin huone ei ole suuri. Se on siisti, koska Robert siivoaa sen joka päivä. Hänen huoneessaan on pöytä, sänky, joitain tuoleja ja joitain muita huonekaluja. Robertin kirjat ja muistikirjat ovat pöydällä. Hänen laukkunsa on pöydän alla. Tuolit ovat pöydän ääressä. Robert ottaa joitain CD:eitä käsiinsä ja menee Paulin

### *Paul listens to German songs*

*Carol is a student. She is twenty years old. Carol is from Spain. She lives in the student dorms. She is a very nice girl. Carol has a blue dress on. There is a hat on her head. Carol wants to telephone her family today. She heads to the call centre because her telephone is out of order. The call centre is in front of the café. Carol calls her family. She speaks with her mother and father. The call takes her about five minutes. Then she calls her friend Angela. This call takes her about three minutes.*

*Robert likes sport. He runs every morning in the park near the dorms. He is running today too. He jumps as well. His jumps are very long. Paul and David are running and jumping with Robert. David's jumps are longer. Paul's jumps are the longest. He jumps best of all. Then Robert and Paul run to the dorms and David runs home.*
*Robert has his breakfast in his room. He takes bread and butter. He makes some coffee with the coffee-maker. Then he butters the bread and eats.*
*Robert lives in the dorms in San Francisco. His room is near Paul's room. Robert's room is not big. It is clean because Robert cleans it every day. There is a table, a bed, some chairs and some more furniture in his room. Robert's books and notebooks are on the table. His bag is under the table. The chairs are at the table. Robert takes some CDs in his hand and heads to Paul's because Paul wants to listen to German music.*

huoneeseen, koska Paul haluaa kuunnella saksalaista musiikkia.
Paul istuu huoneessaan pöydän ääressä. Hänen kissansa on pöydän alla. Kissan edessä on vähän leipää. Kissa syö leivän. Robert antaa CD:t Paulille. CD:eillä on parasta saksalaista musiikkia. Paul haluaa myös tietää saksalaisten laulajien nimet. Robert nimeää suosikkilaulajansa. Hän nimeää Jan Delayn, Nenan ja Herbert Grönemeyerin. Nämä nimet ovat uusia Paulille. Hän kuuntelee CD:eitä ja alkaa sitten laulaa saksalaisia lauluja! Hän pitää näistä lauluista hyvin paljon. Paul pyytää Robertia kirjoittamaan laulujen sanat. Robert kirjoittaa Paulille parhaimpien saksalaisten laulujen sanat. Paul sanoo, että hän haluaa oppia joidenkin laulujen sanat ja pyytää Robertia auttamaan. Robert auttaa Paulia oppimaan saksalaisia tekstejä. Siinä kestää kauan, koska Robert ei osaa puhua hyvin englantia. Robertia hävettää. Hän ei osaa sanoa joitain yksinkertaisia lauseita! Sitten Robert menee huoneeseensa ja opettelee englantia.

*Paul is in his room at the table. His cat is under the table. There is some bread before the cat. The cat eats the bread. Robert hands the CDs to Paul. There is the best German music on the CDs. Paul wants to know the names of the German singers as well. Robert names his favorite singers. He names Blümchen, Nena and Herbert Grönemeyer. These names are new to Paul.*
*He listens to the CDs and then begins to sing the German songs! He likes these songs very much. Paul asks Robert to write the words of the songs. Robert writes the words of the best German songs for Paul. Paul says that he wants to learn the words of some songs and asks Robert to help. Robert helps Paul to learn the German words. It takes a lot of time because Robert cannot speak English well. Robert is ashamed. He cannot say some simple phrases! Then Robert goes to his room and learns English.*

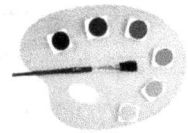

# 10

## Paul ostaa suunnittelua käsitteleviä oppikirjoja
*Paul buys textbooks on design*

### A

**Sanat**
*Words*

1. äidinkieli - native language
2. häntä - him
3. hei, hei sitten, hei vaan, "heippa" - bye; hei, moi, terve - hello
4. hieno, hyvä - fine
5. katsoa - look
6. kieli - language
7. korkeakoulu, yliopisto - college
8. kuva - picture
9. laji, tyyppi - kind, type
10. läksy, harjoitus - lesson
11. maksaa - pay
12. maksaa, olla hinta - cost
13. mitään - any
14. nähdä - see
15. ohjelma - program
16. opiskella - study
17. oppikirja - textbook
18. selittää - explain
19. suunnittelu - design
20. todella - really
21. vain - only
22. valita - choose

# B

## Paul ostaa suunnittelua käsitteleviä oppikirjoja

Paul on kanadalainen ja englanti on hänen äidinkielensä. Hän opiskelee suunnittelua yliopistossa San Franciscossa.
Tänään on lauantai ja Paulilla on paljon vapaa-aikaa. Hän haluaa ostaa muutamia suunnittelua käsitteleviä kirjoja. Hän menee lähellä olevaan kirjakauppaan. Heillä saattaisi olla joitain suunnittelua käsitteleviä oppikirjoja. Hän saapuu kirjakauppaan ja katsoo pöytiä, joilla on kirjoja. Eräs nainen tulee Paulin luokse. Hän on myymäläapulainen.
"Hei. Voinko minä auttaa sinua?" myymäläapulainen kysyy häneltä.
"Hei", Paul sanoo. "Minä opiskelen suunnittelua yliopistossa. Tarvitsen muutamia oppikirjoja. Onko teillä mitään suunnittelua käsitteleviä oppikirjoja?" Paul kysyy häneltä.
"Minkälaisesta suunnittelusta? Meillä on huonekalusuunnittelua, autosuunnittelua, urheilusuunnittelua tai internetsuunnittelua käsitteleviä oppikirjoja", hän selittää Paulille.
"Voitko näyttää minulle muutamia huonekalusuunnittelua ja internetsuunnittelua käsitteleviä oppikirjoja?" Paul kysyy.
"Sinä voit etsiä kirjoja viereisiltä pöydiltä. Ole hyvä ja katso niitä. Tämä kirja on italialaiselta huonekalusuunnittelijalta Palatinolta. Tämä suunnittelija selittää italialaisten huonekalujen suunnittelusta. Hän selittää myös eurooppalaisesta ja amerikkalaisesta huonekalusuunnittelusta. Siellä on joitain hienoja kuvia", myymäläapulainen selittää.
"Minä huomaan, että kirjassa on myös joitain harjoituksia. Tämä kirja on todella hyvä. Kuinka paljon se maksaa?" Paul kysyy häneltä.
"Se maksaa 52 dollaria. Ja kirjan mukana tulee CD. CD:llä on tietokoneohjelma huonekalusuunnittelusta", myymäläapulainen sanoo hänelle.
"Minä todella pidän siitä", Paul sanoo.
"Tuolla voit katsella muutamia internetsuunnittelua käsitteleviä oppikirjoja", nainen selittää

## *Paul buys textbooks on design*

*Paul is Canadian and English is his native language. He studies design at college in San Francisco.*
*It is Saturday today and Paul has a lot of free time. He wants to buy some books on design. He goes to the nearby book shop. They may have some textbooks on design. He comes into the shop and looks at the tables with books. A woman comes to Paul. She is a shop assistant.*
*"Hello. Can I help you?" the shop assistant asks him.*
*"Hello," Paul says, "I study design at college. I need some textbooks. Do you have any textbooks on design?" Paul asks her.*
*"What kind of design? We have some textbooks on furniture design, car design, sport design, internet design," she explains to him.*
*"Can you show me some textbooks on furniture design and internet design?" Paul says to her.*
*"You can choose the books from the next tables. Look at them. This is a book by Italian furniture designer Palatino. This designer explains the design of Italian furniture. He explains the furniture design of Europe and the USA as well. There are some fine pictures there," the shop assistant explains.*
*"I see there are some lessons in the book too. This book is really fine. How much is it?" Paul asks her.*
*"It costs 52 dollars. And with the book you have a CD. There is a computer program for furniture design on the CD," the shop assistant says to him.*
*"I really like it," Paul says.*
*"You can see some textbooks on internet design there," the woman explains to him.*
*"This book is about the computer program*

hänelle. "Tämä kirja on tietokone- ohjelma Microsoft Officesta. Nämä kirjat ovat tietokoneohjelma Flashista. Ole hyvä ja katso tätä punaista kirjaa. Se kertoo Flashista ja siinä on mielenkiintoisia opetuksia. Valitse näistä, ole hyvä."
"Kuinka paljon tämä punainen kirja maksaa?" Paul kysyy häneltä.
"Tämä kirja, kahden CD:n kanssa, maksaa vain 43 dollaria", myymäläapulainen sanoo hänelle.
"Minä haluaisin ostaa tämän Palatinon kirjoittaman kirjan huonekalusuunnittelusta ja tämän punaisen kirjan Flashista. Kuinka paljon minun pitää maksaa niistä?" Paul kysyy.
"Sinun pitää maksaa 95 dollaria näistä kahdesta kirjasta", myymäläapulainen sanoo hänelle.
Paul maksaa. Sitten hän ottaa kirjat ja CD:t.
"Heippa", myymäläapulainen sanoo hänelle.
"Heippa", Paul sanoo ja lähtee.

*Microsoft Office. And these books are about the computer program Flash. Look at this red book. It is about Flash and it has some interesting lessons. Choose, please."*
*"How much is this red book?" Paul asks her.*
*"This book, with two CDs, costs only 43 dollars," the shop assistant says to him.*
*"I want to buy this book by Palatino about furniture design and this red book about Flash. How much must I pay for them?" Paul asks.*
*"You need to pay 95 dollars for these two books," the shop assistant says to him.*
*Paul pays. Then he takes the books and the CDs.*
*"Bye," the shop assistant says to him.*
*"Bye," Paul says to her and goes.*

# 11

## Robert haluaa tienata vähän rahaa (osa 1)
*Robert wants to earn some money (part 1)*

### A

**Sanat**
*Words*

1. ansaita, tienata - earn; Minä tienaan 10 dollaria tunnissa. - I earn 10 dollars per hour.
2. energia - energy
3. henkilöstöosasto - personnel department
4. jälkeen - after
5. jatkuu - be continued
6. kello - o'clock; Kello on kaksi. - It is two o'clock.
7. kuljetus - transport
8. kuorma-auto - truck
9. laatikko - box
10. lastatat - load; lastaaja, kuormaaja - loader
11. lista - list
12. loppu - finish; lopettaa, päättää - to finish
13. muistiinpano, kirjelappu, muistio - note
14. nopea, nopeasti - quick, quickly
15. numero - number
16. ok, selvä, selvä juttu, selvän teki - OK, well
17. osa - part
18. päivä - day; päivittäin - daily
19. parempi - better
20. raskas, vaikea - hard
21. tunti - hour; tunneittain, joka tunti - hourly
22. vastata; vastaus - answer
23. yksi lisää, yksi vielä - one more
24. yleensä - usually
25. yleinen - usual
26. ymmärtää, käsittää - understand

## Robert haluaa tienata vähän rahaa (osa 1)

Robertilla on päivittäin vapaa- aikaa yliopiston jälkeen. Hän haluaa tienata vähän rahaa. Hän suuntaa työvoimatoimistoon. He antavat hänelle kuljetusyrityksen osoitteen. Kuljetusyritys Vikkelä tarvitsee lastaajaa. Tämä työ on todella raskasta. Mutta he maksavat 11 dollaria tunnilta. Robert haluaa ottaa tämän työn. Niinpä hän menee kuljetusyrityksen toimistolle.
"Hei. Minulla on teille viesti työvoimatoimistolta", Robert sanoo naiselle yrityksen henkilöstöosastolla. Hän antaa viestin naiselle.
"Hei", nainen sanoo. "Minun nimeni on Margaret Lintu. Minä olen henkilöstöosaston johtaja. Mikä sinun nimesi on?"
"Minun nimeni on Robert Genscher", Robert sanoo.
"Oletko sinä amerikkalainen?" Margaret kysyy.
"En ole. Minä olen saksalainen", Robert vastaa.
"Osaatko sinä puhua ja lukea hyvin englantia?" hän kysyy.
"Kyllä minä osaan", hän sanoo.
"Kuinka vanha sinä olet?" hän kysyy.
"Minä olen kaksikymmentävuotias", Robert vastaa.
"Haluatko työskennellä kuljetusyrityksessä lastaajana?" henkilöstöosaston johtaja kysyy häneltä.
Robertia hävettää sanoa, että hän ei voi saada parempaa työtä, koska hän ei osaa puhua hyvin englantia. Sen tähden hän sanoo: "Haluan tienata 11 dollaria tunnilta."
"Vai niin", Margaret sanoo. "Meidän kuljetusyrityksellämme ei ole yleensä paljon lastaustöitä. Mutta nyt me todella tarvitsemme yhden lastaajan lisää. Pystytkö sinä lastaamaan nopeasti laatikoita, joissa on lastia 20 kiloa?"
"Kyllä, minä pystyn. Minulla on paljon energiaa", Robert vastaa.
"Me tarvitsemme lastaajan päivittäin kolmeksi tunniksi. Voitko sinä työskennellä kello neljästä

## *Robert wants to earn some money (part 1)*

*Robert has free time daily after college. He wants to earn some money. He heads to a job agency. They give him the address of a transport firm. The transport firm Rapid needs a loader. This work is really hard. But they pay 11 dollars per hour. Robert wants to take this job. So he goes to the office of the transport firm.*
*"Hello. I have a note for you from a job agency," Robert says to a woman in the personnel department of the firm. He gives her the note.*
*"Hello," the woman says. "My name is Margaret Bird. I am the head of the personnel department. What is your name?"*
*"My name is Robert Genscher" Robert says.*
*"Are you American?" Margaret asks.*
*"No. I am German," Robert answers.*
*"Can you speak and read English well?" she asks.*
*"Yes, I can," he says.*
*"How old are you, Robert?" she asks.*
*"I am twenty years old," Robert answers.*
*"Do you want to work at the transport firm as a loader?" the head of the personnel department asks him.*
*Robert is ashamed to say that he cannot have a better job because he cannot speak English well. So he says: "I want to earn 11 dollars per hour."*

*"Well-well," Margaret says. "Our transport firm usually does not have much loading work. But now we really need one more loader. Can you load quickly boxes with 20 kilograms of load?"*
*"Yes, I can. I have a lot of energy," Robert answers.*
*"We need a loader daily for three hours. Can you work from four to seven o'clock?" she*

kello seitsemään?" hän kysyy.
"Kyllä, minun oppituntini loppuvat kello yhdeltä", opiskelija vastaa hänelle.
"Koska sinä voit aloittaa työt?" henkilöstöosaston päällikkö kysyy häneltä.
"Minä voin aloittaa heti", Robert vastaa.
"Hyvä. Katso tätä lastauslistaa. Listalla on joidenkin yrityksien ja kauppojen nimiä", Margaret selittää. "Jokaisella yrityksellä ja kaupalla on joitain numeroita. Ne ovat laatikoiden numeroita. Nämä ovat kuorma-autojen numeroita, joihin sinun pitää lastata nämä laatikot. Kuorma-autot tulevat ja menevät tunneittain. Sinun pitää siis työskennellä nopeasti. Onko kaikki selvää?"
"Kaikki selvää", Robert vastaa, ymmärtämättä Margaretia oikein hyvin.
"Ota nyt tämä lastauslista ja mene lastausovelle numero kolme", henkilöstöosaston johtaja sanoo Robertille. Robert ottaa lastauslistan ja menee töihin.

(jatkuu)

*asks.*
*"Yes, my lessons finish at one o'clock," the student answers to her.*
*"When can you begin the work?" the head of the personnel department asks him.*
*"I can begin now," Robert answers.*
*"Well. Look at this loading list. There are some names of firms and shops in the list," Margaret explains. "Every firm and shop has some numbers. They are numbers of the boxes. And these are numbers of the trucks where you must load these boxes. The trucks come and go hourly. So you need to work quickly. OK?"*
*"OK," Robert answers, not understanding Margaret well.*
*"Now take this loading list and go to the loading door number three," the head of the personnel department says to Robert. Robert takes the loading list and goes to work.*
*(to be continued)*

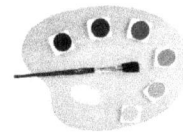

# 12

## Robert haluaa tienata vähän rahaa (osa 2)
*Robert wants to earn some money (part 2)*

### A

**Sanat**
*Words*

1. äiti - mom, mother
2. ajaa - drive
3. ajaja, kuljettaja - driver
4. heidän, niiden - their
5. herra, hra - mister, Mr.
6. huono, paha - bad
7. iloinen - glad
8. jonkin sijasta / jonkin sijaan - instead of
9. kävellä - walk
10. maanantai - Monday
11. nousta ylös - get up; Nouse ylös! - Get up!
12. oikea, oikein - correct, correctly; korjata - to correct
13. olla pahoillaan - be sorry; Olen pahoillani. - I am sorry.
14. opettaja - teacher
15. poika - son
16. sinun sijastasi - instead of you
17. sinun, teidän - your
18. syy - reason
19. täällä, tässä (paikka) - here (a place)
20. takaisin - back
21. tänne (suunta) - here (a direction)
22. tässä on - here is
23. tavata - meet
24. tuoda - bring
25. väärin - incorrectly
26. vihata - hate

## B

### Robert haluaa tienata vähän rahaa (osa 2)

Lastausovella numero kolme on monta kuorma-autoa. Ne ovat tulossa tuomaan kuormansa takaisin. Henkilöstöosaston johtaja ja yrityksen johtaja tulevat sinne. He menevät Robertin luokse. Robert on lastaamassa laatikoita kuorma-autoon. Hän työskentelee nopeasti.
"Hei, Robert! Tule tänne, ole hyvä", Margaret kutsuu häntä. "Tämä on yrityksen johtaja, herra Tuotto."
"Olen iloinen saadessani tavata teidät", Robert sanoo tullessaan heidän luokseen.
"Sama täällä", hra Tuotto vastaa. "Missä on sinun lastauslistasi?"
"Se on tässä." Robert antaa hänelle lastauslistan. "Vai niin", hra Tuotto sanoo katsoessaan listaa. "Katso näitä kuorma-autoja. Ne tuovat kuormiansa takaisin, koska sinä lastasit laatikot väärin. Kirjalaatikot menivät huonekalukauppaan kirjakaupan sijasta, videokasetti- ja DVD- laatikot menivät kahvilaan videokaupan sijasta ja voileipälaatikot menivät videokauppaan kahvilan sijasta! Se on huonoa työtä! Olen pahoillani,, mutta sinä et voi työskennellä meidän yrityksessämme", hra Tuotto sanoo ja kävelee takaisin toimistoonsa.
Robert ei osaa lastata laatikoita oikein, koska hän lukee ja ymmärtää hyvin vähän englanninkielisiä sanoja. Margaret katsoo häneen. Robertia hävettää.
"Robert, sinä voit opetella paremmin englantia ja tulla sitten uudelleen, tehdäänkö niin?" Margaret sanoo.
"Selvä juttu", Robert vastaa. "Hei sitten Margaret."
"Hei vaan Robert", Margaret vastaa.
Robert kävelee kotiin. Hän haluaa oppia nyt paremmin englantia ja hakea sitten itselleen uuden työn.

### *Robert wants to earn some money (part 2)*

*There are many trucks at the loading door number three. They are coming back bringing back their loads. The head of the personnel department and the head of the firm come there. They come to Robert. Robert is loading boxes in a truck. He is working quickly.*
*"Hey, Robert! Please, come here," Margaret calls him. "This is the head of the firm, Mr. Profit."*
*"I am glad to meet you," Robert says coming to them.*
*"I too," Mr. Profit answers. "Where is your loading list?"*
*"It is here." Robert gives him the loading list. "Well-well," Mr. Profit says looking in the list. "Look at these trucks. They are coming back bringing back their loads because you load the boxes incorrectly. The boxes with books go to a furniture shop instead of the book shop, the boxes with videocassettes and DVDs go to a café instead of the video shop, and the boxes with sandwiches go to a video shop instead of the café! It is bad work! Sorry but you cannot work at our firm," Mr. Profit says and walks back to the office.*
*Robert cannot load boxes correctly because he can read and understand very few English words. Margaret looks at him. Robert is ashamed.*
*"Robert, you can learn English better and then come again. OK?" Margaret says.*
*"OK," Robert answers. "Bye Margaret."*
*"Bye Robert," Margaret answers.*
*Robert walks home. He wants to learn English better now and then take a new job.*

## On aika mennä yliopistoon

Maanantaiaamuna äiti tulee huoneeseen herättämään poikansa.
"Nouse ylös, kello on seitsemän. On aika mennä yliopistoon!"
"Mutta miksi, äiti? Minä en halua mennä."
"Kerro minulle kaksi syytä, miksi sinä et halua mennä", äiti sanoo pojalleen.
"Ensinnäkin opiskelijat vihaavat minua ja opettajatkin vihaavat minua!"
"Voi, ne eivät ole syitä olla menemättä yliopistoon. Nouse ylös!"
"Ok. Kerro minulle kaksi syytä, miksi minun pitää mennä kouluun", hän sanoo äidilleen.
"No, ensinnäkin, sinä olet 55-vuotias. Ja toiseksi, sinä olet yliopiston rehtori! Nouse nyt ylös!"

## *It is time to go to college*

*Monday morning a mother comes into the room to wake up her son.*
*"Get up, it is seven o'clock. It is time to go to college!"*
*"But why, Mom? I don't want to go."*
*"Name me two reasons why you don't want to go," the mother says to the son.*
*"The students hate me for one and the teachers hate me too!"*
*"Oh, they are not reasons not to go to college. Get up!"*
*"OK. Name me two reasons why I must go to college," he says to his mother.*
*"Well, for one, you are 55 years old. And for two, you are the head of the college! Get up now!"*

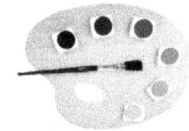

# Pre-intermediate Level Course

# 13

**Hotellin nimi**
*The name of the hotel*

## A

**Sanat**

1. alas - down
2. avata, auki - open
3. hissi - lift
4. hymy - smile
5. hymyillä - to smile
6. ilta - evening
7. jalka - foot
8. jalkaisin - on foot
9. järvi - lake
10. jo - already
11. kävellä - walk
12. läpi - through
13. löytää, etsiä - find
14. mainos - advert
15. nähdä - see
16. näyttää - show
17. nukkua - sleep
18. nyt - now
19. ohi - past
20. pois - away
21. Puola - Poland
22. pysähtyä, pysäyttää - stop
23. seisoa - stand
24. silta - bridge
25. sitten - then
26. taksi - taxi
27. taksinkuljettaja - taxi driver
28. tie, reitti - way
29. toinen - another
30. tyhmä - silly
31. uudestaan, uudelleen, taas - again
32. väsynyt - tired
33. vihainen - angry
34. yli, läpi - over, across

35. yllättää, yllättyä - to surprise
36. yllättynyt - surprised
37. yllätys - surprise
38. ympäri - round
39. yö - night

## Hotellin nimi

Tämä on opiskelija. Hänen nimensä on Kasper. Kasper on Puolasta. Hän ei osaa puhua englantia. Hän haluaa oppia englantia yliopistossa USA:ssa. Kasper asuu nyt hotellissa San Franciscossa.
Hän on parhaillaan huoneessaan. Hän on katsomassa karttaa. Tämä kartta on erittäin hyvä. Kasper näkee kartalla katuja, aukioita ja kauppoja. Hän lähtee huoneesta ja menee pitkää käytävää pitkin hissille. Hissi vie hänet alas. Kasper menee ison aulan läpi ja ulos hotellista. Hän pysähtyy hotellin lähellä ja kirjoittaa hotellin nimen muistikirjaansa.
Hotellin lähistöllä on pyöreä aukio ja järvi. Kasper menee aukion läpi järvelle. Hän kävelee järven ympäri sillalle. Sillan yli menee monta autoa, kuorma-autoa ja ihmistä. Kasper menee sillan alta. Sitten hän kävelee katua pitkin kaupungin keskustaan. Hän menee monen hienon rakennuksen ohi.
On jo ilta. Kasper on väsynyt ja hän haluaa mennä takaisin hotellille. Hän pysäyttää taksin, avaa muistikirjansa ja näyttää hotellin nimen taksinkuljettajalle. Taksinkuljettaja katsoo muistikirjaa, hymyilee ja ajaa pois. Kasper ei voi ymmärtää sitä. Hän seisoo ja katsoo muistikirjaansa. Sitten hän pysäyttää toisen taksin ja näyttää taas hotellin nimen taksinkuljettajalle. Kuljettaja katsoo muistikirjaa. Sitten hän katsoo Kasperia, hymyilee ja ajaa myös pois.
Kasper on yllättynyt. Hän pysäyttää toisen taksin mutta myös tämä taksi ajaa pois. Kasper ei voi ymmärtää sitä. Hän on yllättynyt ja vihainen, mutta hän ei ole tyhmä. Hän avaa karttansa ja etsii tien hotellille. Hän tulee takaisin hotellille jalkaisin.

## *The name of the hotel*

*This is a student. His name is Kasper. Kasper is from Poland. He cannot speak English. He wants to learn English at a college in the USA. Kasper lives in a hotel in San Francisco now.*
*He is in his room now. He is looking at the map. This map is very good. Kasper sees streets, squares and shops on the map. He goes out of the room and through the long corridor to the lift. The lift takes him down. Kasper goes through the big hall and out of the hotel. He stops near the hotel and writes the name of the hotel into his notebook.*
*There is a round square and a lake at the hotel. Kasper goes across the square to the lake. He walks round the lake to the bridge. Many cars, trucks and people go over the bridge. Kasper goes under the bridge. Then he walks along a street to the city centre. He goes past many nice buildings.*

*It is evening already. Kasper is tired and he wants to go back to the hotel. He stops a taxi, then opens his notebook and shows the name of the hotel to the taxi driver. The taxi driver looks in the notebook, smiles and drives away. Kasper cannot understand it. He stands and looks in his notebook. Then he stops another taxi and shows the name of the hotel to the taxi driver again. The driver looks in the notebook. Then he looks at Kasper, smiles and drives away too.*

*Kasper is surprised. He stops another taxi. But this taxi drives away too. Kasper cannot understand it. He is surprised and angry. But he is not silly. He opens his map and finds the way to the hotel. He comes back to the hotel on foot.*

On yö. Kasper on sängyssään. Hän on nukkumassa. Tähdet katsovat ikkunasta sisään huoneeseen. Muistikirja on pöydällä. Se on auki. "Ford on paras auto". Tämä ei ole hotellin nimi. Tämä on mainos hotellirakennuksesta.

*It is night. Kasper is in his bed. He is sleeping. The stars are looking into the room through the window. The notebook is on the table. It is open. "Ford is the best car". This is not the name of the hotel. This is an advert on the building of the hotel.*

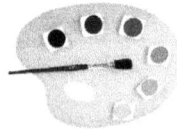

# 14

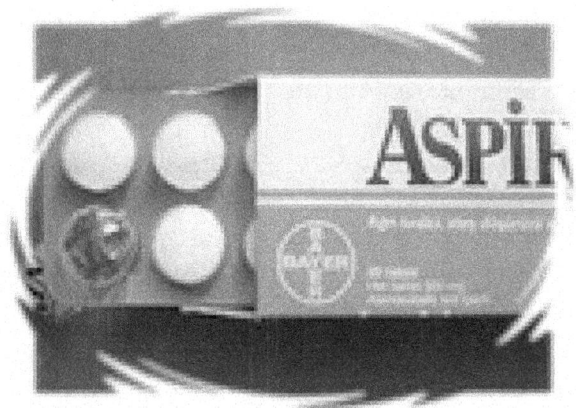

**Aspiriini**
*Aspirin*

## A

**Sanat**

1. ajatella - think
2. apteekki - pharmacy
3. arkki - sheet (of paper)
4. aspiriini - aspirin
5. että - that *(conj)*
6. fiksu, nokkela, älykäs, viisas - smart
7. haiseva - stinking
8. harmaa - grey
9. istua alas - sit down
10. joitain, joitakin, muutamia - some
11. jotain, jotakin - something
12. jotakin / jotakuta varten; -lle - for
13. kaveri - guy
14. kello - watch; kello yhdeltä - at one o'clock
15. kemia - chemistry
16. kemikaalinen - chemical
17. kemikaalit - chemicals
18. koe - test
19. kokeilla - try
20. kokeilla, testata - to test
21. kristalli, kide - crystal
22. kymmenen - ten
23. läpäistä koe - to pass a test
24. loistava - wonderful
25. luokkahuone - classroom
26. opiskelija-asuntola - dorms
27. päästä (jonnekin) - get (somewhere)
28. paperi - paper
29. pilleri, tabletti - pill
30. pulpetti, työpöytä - desk
31. puoli - half; puoli yhdeksältä - at half past eight
32. saada, hankkia (jotain) - get (something)
33. tauko - break, pause
34. tehtävä - task
35. tietenkin, tietysti, totta kai - of course
36. usein - often
37. valkoinen - white
38. vastaus, ratkaisu - answer
39. viimein, lopulta - at last
40. yli - past

## Aspiriini

Tämä on Robertin ystävä. Hänen nimensä on Paul. Paul on Kanadasta. Englanti on hänen äidinkielensä. Hän puhuu erittäin hyvin myös ranskaa. Paul asuu opiskelija-asuntolassa. Paul on parhaillaan huoneessaan. Paulilla on tänään kemian koe. Hän katsoo kelloaan. Kello on kahdeksan. On aika mennä.
Paul menee ulos. Hän menee yliopistoon. Yliopisto on asuntolan lähellä. Hänellä kestää noin kymmenen minuuttia mennä yliopistoon. Paul saapuu luokkahuoneeseen. Hän avaa oven ja katsoo luokkahuoneeseen. Siellä on muutamia opiskelijoita ja opettaja. Paul menee sisälle luokkahuoneeseen.
"Hei", hän sanoo.
"Hei", opettaja ja opiskelijat vastaavat. Paul menee pulpettinsa luokse ja istuu alas. Koe alkaa puoli yhdeksältä. Opettaja tulee Paulin pulpetin luokse.
"Tässä on tehtäväsi", opettaja sanoo. Sitten hän antaa Paulille paperiarkin, jossa on tehtävä. "Sinun pitää tehdä aspiriinia. Sinä voit työskennellä puoli yhdeksästä kello kahteentoista. Aloita, ole hyvä", opettaja sanoo.
Paul tuntee tämän tehtävän. Hän ottaa joitain kemikaaleja ja aloittaa. Hän työskentelee kymmenen minuuttia. Viimein hän saa aikaan jotain harmaata ja haisevaa. Se ei ole hyvää aspiriinia. Paul tietää, että hänen pitää saada isoja, valkoisia aspiriinikiteitä. Sitten hän yrittää yhä uudelleen. Paul työskentelee tunnin, mutta hän saa taas aikaan jotain harmaata ja haisevaa.
Paul on vihainen ja väsynyt. Hän ei voi ymmärtää sitä. Hän pitää tauon ja miettii vähän. Paul on älykäs. Hän harkitsee pari minuuttiaja löytää sitten vastauksen! Hän nousee seisomaan.
"Voinko pitää kymmenen minuutin tauon?" hän kysyy opettajalta.
"Tietenkin voit", opettaja vastaa. Paul menee ulos. Hän etsii apteekin yliopiston läheltä. Hän menee sisään ja ostaa muutamia aspiriinipillereitä. Kymmenen minuutin kuluttua hän tulee takaisin

## *Aspirin*

*This is Robert's friend. His name is Paul. Paul is from Canada. English is his native language. He can speak French very well too. Paul lives in the dorms. Paul is in his room now. Paul has a chemistry test today. He looks at his watch. It is eight o'clock. It is time to go.*
*Paul goes outside. He goes to the college. The college is near the dorms. It takes him about ten minutes to go to the college. Paul comes to the chemical classroom. He opens the door and looks into the classroom. There are some students and the teacher there. Paul comes into the classroom.*
*"Hello," he says.*
*"Hello," the teacher and the students answer. Paul comes to his desk and sits down. The chemistry test begins at half past eight. The teacher comes to Paul's desk.*
*"Here is your task," the teacher says. Then he gives Paul a sheet of paper with the task. "You must make aspirin. You can work from half past eight to twelve o'clock. Begin, please," the teacher says.*
*Paul knows this task. He takes some chemicals and begins. He works for ten minutes. At last he gets something grey and stinking. This is not good aspirin. Paul knows that he must get big white crystals of aspirin. Then he tries again and again. Paul works for an hour but he gets something grey and stinking again.*
*Paul is angry and tired. He cannot understand it. He stops and thinks a little. Paul is a smart guy. He thinks for a minute and then finds the answer! He stands up.*
*"May I have a break for ten minutes?" Paul asks the teacher.*
*"Of course, you may," the teacher answers. Paul goes outside. He finds a pharmacy near the college. He comes in and buys some pills*

luokkahuoneeseen. Opiskelijat istuvat ja työskentelevät. Paul istuu alas.
"Saanko minä päättää kokeen?" Paul kysyy opettajalta viiden minuutin kuluttua.
Opettaja tulee Paulin pulpetin luokse. Hän näkee isoja, valkoisia aspiriinikiteitä. Opettaja on yllättynyt. Hän jää seisomaan ja katsoo aspiriinia hetken.
"Se on loistavaa! Sinun aspiriinisi on hyvää! Mutta en voi ymmärtää sitä! Minä yritän usein valmistaa aspiriinia ja saan aikaan vain jotain harmaata ja haisevaa", opettaja sanoo. "Sinä läpäisit kokeen", hän sanoo.
Paul lähtee pois kokeen jälkeen. Opettaja näkee jotain valkoista Paulin pulpetilla. Hän menee pulpetin luokse ja löytää aspiriinipillereiden paperin.
"Fiksu kaveri. No niin, Paul. Nyt sinulla on ongelma", opettaja sanoo.

*of aspirin. In ten minutes he comes back to the classroom. The students sit and work. Paul sits down.*
*"May I finish the test?" Paul says to the teacher in five minutes.*
*The teacher comes to Paul's desk. He sees big white crystals of aspirin. The teacher stops in surprise. He stands and looks at aspirin for a minute.*
*"It is wonderful! Your aspirin is so nice! But I cannot understand it! I often try to get aspirin and I get only something grey and stinking," the teacher says. "You passed the test," he says.*
*Paul goes away after the test. The teacher sees something white at Paul's desk. He comes to the desk and finds the paper from the aspirin pills.*
*"Smart guy. Ok, Paul. Now you have a problem," the teacher says.*

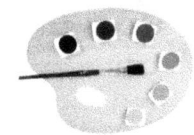

# 15

**Nancy ja kenguru**
*Nancy and the kangaroo*

## A

**Sanat**

1. Ai! - Oh!
2. apina - monkey
3. eläintarha - zoo
4. häiritä - bother
5. häntä - tail
6. Hei! - Hey!
7. hiljaa - quietly
8. hiukset (pl.) - hair
9. iloinen, onnellinen - happy
10. itkeä, kiljahtaa, huutaa - cry
11. jäätelö - ice-cream
12. -kaamme, -käämme - let us
13. kenguru - kangaroo
14. kirjahylly - bookcase
15. korva - ear
16. leijona - lion
17. lelu - toy
18. luja / kova (adj.), lujasti / kovasti (adv.) - strong, strongly
19. lyödä, iskeä - hit, beat
20. märkä - wet
21. meitä - us
22. Mikä pöytä? - What table?
23. milloin, kun - when
24. minua - me
25. Mitä / Mikä tämä on? - What is this?

26. mitä, mikä - what
27. nukke - doll
28. okei, ok, selvä - okay, well
29. opiskella - study
30. parka, raukka - poor
31. pudota, kaatua - to fall
32. pudotus - fall
33. sanko - pail
34. seepra - zebra
35. sen - its *(for neuter)*
36. suunnitella - to plan
37. suunnitelma - plan
38. suuri (adj), suurella / suuresti (adv.) - wide, widely
39. täysi - full
40. tiikeri - tiger
41. vesi - water
42. vetää - pull
43. vuosi - year
44. yhdessä - together

## B

### Nancy ja kenguru

Robert on nyt opiskelija. Hän opiskelee yliopistossa. Hän opiskelee englantia. Robert asuu asuntolassa. Hän asuu Paulin naapurissa.
Robert on parhaillaan huoneessaan. Hän ottaa puhelimensa ja soittaa ystävälleen Davidille. David vastaa puheluun:
"Haloo".
"Hei David. Täällä on Robert. Kuinka voit?" Robert sanoo.
"Hei Robert. Minä voin hyvin, kiitos. Entä kuinka sinä voit?" David vastaa.
"Minä voin hyvin myös, kiitos. Minä aion mennä kävelylle. Mitkä ovat sinun suunnitelmasi tälle päivälle?" Robert sanoo.
" Siskoni Nancy pyysi minua viemään hänet eläintarhaan. Minä vien hänet sinne nyt. Menkäämme yhdessä", David sanoo.
"Okei. Minä tulen teidän kanssanne. Missä me tapaamme?" Robert kysyy.
"Tavatkaamme Olympia-bussipysäkillä. Pyydä Paulia tulemaan myös meidän mukaamme", David sanoo.
"Okei. Heippa", Robert vastaa.
"Nähdään pian. Heippa!" David sanoo.
Sitten Robert menee Paulin huoneeseen. Paul on huoneessaan.
"Hei", Robert sanoo.
"Ai hei Robert. Tule sisään, ole hyvä", Paul sanoo. Robert tulee sisälle.

### Nancy and the kangaroo

*Robert is a student now. He studies at a college. He studies English. Robert lives at the dorms. He lives next door to Paul's.*
*Robert is in his room now. He takes the telephone and calls his friend David.*
*"Hello," David answers the call.*
*"Hello David. It is Robert here. How are you?" Robert says.*
*"Hello Robert. I am fine. Thanks. And how are you?" David answers.*
*"I am fine too. Thanks. I will go for a walk. What are your plans for today?" Robert says.*
*"My sister Nancy asks me to take her to the zoo. I will take her there now. Let us go together," David says.*
*"Okay. I will go with you. Where will we meet?" Robert asks.*
*"Let us meet at the bus stop Olympic. And ask Paul to come with us too," David says.*
*"Okay. Bye," Robert answers.*
*"See you. Bye," David says.*
*Then Robert goes to Paul's room. Paul is in his room.*
*"Hello," Robert says.*
*"Oh, hello Robert. Come in, please," Paul says. Robert comes in.*
*"David, his sister and I will go to the zoo. Will you go together with us?" Robert asks.*
*"Of course, I will go too!" Paul says.*

"David, hänen siskonsa ja minä aiomme mennä eläintarhaan. Haluatko sinä tulla yhdessä meidän kanssamme?" Robert kysyy.

"Totta kai, minä tulen mukaan!" Paul sanoo. Robert ja Paul ajavat Olympia- bussipysäkille. Siellä he näkevät Davidin ja hänen siskonsa Nancyn.

Davidin sisko on vasta viisi vuotta vanha. Hän on pieni tyttö ja täynnä energiaa. Hän pitää eläimistä hyvin paljon. Mutta Nancy luulee, että eläimet ovat leluja. Eläimet karkaavat hänen luotaan, koska hän häiritsee niitä hyvin paljon. Hän voi vetää niitä hännästä tai korvasta, lyödä kädellä tai lelulla. Nancylla on koira ja kissa kotona. Kun Nancy on kotona, koira on sängyn alla ja kissa istuu kirjahyllyn päällä. Siten hän ei pääse niiden luokse.

Nancy, David, Robert ja Paul astuvat eläintarhaan. Eläintarhassa on hyvin monia eläimiä. Nancy on hyvin iloinen. Hän juoksee leijonien ja tiikereiden luokse. Hän lyö seepraa nukellaan. Hän vetää apinaa hännästä niin lujaa, että kaikki apinat karkaavat kiljuen. Sitten Nancy näkee kengurun. Kenguru juo vettä sangosta. Nancy hymyilee ja menee kengurun luokse hyvin hiljaa. Ja sitten…

"Hei!!!! Kenguru- uu- uu!!" Nancy kiljahtaa ja vetää sitä hännästä. Kenguru katsoo Nancya silmät suurina. Se tekee pelästyksestä sellaisen loikan, että vesisanko lentää ilmaan ja putoaa Nancyn päälle. Vettä valuu hänen hiuksiaan, kasvojaan ja mekkoaan pitkin. Nancy on ihan märkä.

"Sinä olet tuhma kenguru! Tuhma!" hän huutaa. Jotkut ihmiset hymyilevät ja jotkut sanovat: "Tyttöparka." David vie Nancyn kotiin.

"Sinun ei pidä häiritä eläimiä", David sanoo ja antaa hänelle jäätelön. Nancy syö jäätelön.

"Okei. Minä en leiki enää hyvin isojen ja vihaisten eläinten kanssa", Nancy ajattelee. "Minä leikin vain pienten eläinten kanssa." Hän on taas iloinen.

*Robert and Paul drive to the bus stop Olympic. They see David and his sister Nancy there.*

*David's sister is only five years old. She is a little girl and she is full of energy. She likes animals very much. But Nancy thinks that animals are toys. The animals run away from her because she bothers them very much. She can pull tail or ear, hit with a hand or with a toy. Nancy has a dog and a cat at home. When Nancy is at home the dog is under a bed and the cat sits on the bookcase. So she cannot get them.*

*Nancy, David, Robert and Paul come into the zoo.*

*There are many animals in the zoo. Nancy is very happy. She runs to the lion and to the tiger. She hits the zebra with her doll. She pulls the tail of a monkey so strong that all the monkeys run away crying. Then Nancy sees a kangaroo. The kangaroo drinks water from a pail. Nancy smiles and comes to the kangaroo very quietly. And then…*

*"Hey!! Kangaroo-oo-oo!!" Nancy cries and pulls its tail. The kangaroo looks at Nancy with wide open eyes. It jumps in surprise so that the pail with water flies up and falls on Nancy. Water runs down her hair, her face and her dress. Nancy is all wet.*

*"You are a bad kangaroo! Bad!" she cries. Some people smile and some people say: "Poor girl." David takes Nancy home.*

*"You must not bother the animals," David says and gives an ice-cream to her. Nancy eats the ice-cream.*

*"Okay. I will not play with very big and angry animals," Nancy thinks. "I will play with little animals only." She is happy again.*

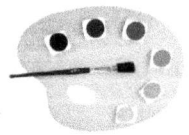

# 16

## Laskuvarjohyppääjät
*Parachutists*

### A

**Sanat**

1. äänetön, äänettömästi / hiljaa - silent, silently
2. elämä, henki - life
3. hengenpelastustemppu - life-saving trick
4. housut (pl.) - trousers
5. ilma - air
6. isi - daddy
7. istuin, paikka - seat; istua paikalle - take a seat
8. jälkeen - after
9. jäsen - member
10. jos - if
11. katto - roof
12. keltainen - yellow
13. kerho - club
14. kouluttaa - train; koulutettu - trained
15. kumi-, kuminen - rubber
16. laskeutua - land
17. laskuvarjo - parachute
18. laskuvarjohyppääjä - parachutist
19. lentokone - airplane
20. lentonäytös - airshow
21. mahtava - great
22. metalli - metal
23. muu, muut - other
24. muuten - by the way
25. napata, ottaa kiinni - catch
26. oikea - real
27. olla - be
28. oma - own
29. osa - part
30. pelastaa - save
31. pilotti - pilot
32. poistua - get off

33. pudonnut - fallen
34. pudoten, putoava - falling
35. pukea päälle - put on
36. pukeutunut - dressed
37. punainen - red
38. -sisällä, -ssa, -ssä - inside
39. sulkea - close
40. takki - jacket
41. täytetty - stuffed; täytetty laskuvarjohyppääjä - stuffed parachutist
42. tehdä - do
43. temppu - trick
44. tiimi, joukkue - team
45. työntää - push
46. uskoa - believe; ei uskoa silmiään - to not believe one's eyes
47. vaatteet (pl.) - clothes
48. vain - just
49. valmistautua - prepare
50. vihaisesti - angrily
51. yhdeksän - nine
52. yleisö - audience
53. yli - over

## B

### Laskuvarjohyppääjä

On aamu. Robert tulee Paulin huoneeseen. Paul istuu pöydän ääressä ja kirjoittaa jotakin. Paulin kissa Suosikki on Paulin sängyllä. Se nukkuu hiljaa.
"Voinko tulla sisään?" Robert kysyy.
"Kas, Robert. Tule sisään, ole hyvä. Kuinka voit?" Paul vastaa.
"Hyvin, kiitos. Entä sinä?" Robert sanoo.
"Minä voin myös hyvin, kiitos. Istu alas, ole hyvä", Paul vastaa.
Robert istuu tuolille.
"Tiedätkö, että olen laskuvarjokerhon jäsen. Meillä on tänään lentonäytös", Robert sanoo. "Minä aion tehdä joitain hyppyjä siellä."
"Se on hyvin mielenkiintoista", Paul vastaa. "Minä tulen ehkä katsomaan lentonäytöstä."
"Jos haluat, minä voin viedä sinut sinne ja sinä voit tulla mukaan lentokoneeseen", Robert sanoo.
"Todellako? Se olisi mahtavaa!" Paul huudahtaa. "Mihin aikaan lentonäytös pidetään?"
"Se alkaa kello kymmeneltä aamulla", Robert vastaa. "David tulee myös. Muuten, me tarvitsemme apua täytetyn laskuvarjohyppääjän heittämisessä ulos lentokoneesta. Auttaisitko sinä?"
"Täytetty laskuvarjohyppääjä? Miksi?" Paul kysyy yllättyneenä.
"Katsos kun se on osa näytöstä", Robert sanoo. "Se on hengenpelastustemppu. Täytetty laskuvarjohyppääjä putoaa alas. Tällöin oikea

### *Parachutists*

*It is morning. Robert comes to Paul's room. Paul is sitting at the table and writing something. Paul's cat Favorite is on Paul's bed. It is sleeping quietly.*
*"May I come in?" Robert asks.*
*"Oh, Robert. Come in please. How are you?" Paul answers.*
*"Fine. Thanks. How are you?" Robert says.*
*"I am fine. Thanks. Sit down, please," Paul answers.*
*Robert sits on a chair.*
*"You know I am a member of a parachute club. We are having an airshow today," Robert says. "I am going to make some jumps there."*
*"It is very interesting," Paul answers. "I may come to see the airshow."*
*"If you want I can take you there and you can fly in an airplane," Robert says.*
*"Really? That will be great!" Paul cries. "What time is the airshow?"*
*"It begins at ten o'clock in the morning," Robert answers. "David will come too. By the way we need help to push a stuffed parachutist out of the airplane. Will you help?"*
*"A stuffed parachutist? Why?" Paul says in surprise.*

laskuvarjohyppääjä lentää sen luo, ottaa sen kiinni ja avaa oman laskuvarjonsa. 'Mies' on pelastettu!"
"Mahtavaa!" Paul vastaa. "Minä autan. Lähdetään!"
Paul ja Robert menevät pihalle. He tulevat Olympia-bussipysäkille ja ottavat bussin. Meno lentonäytökseen kestää vain kymmenen minuuttia. Kun he poistuvat bussista, he näkevät Davidin.
"Hei David", Robert sanoo. "Mennään lentokoneelle."
He näkevät laskuvarjotiimin lentokoneen luona. He saapuvat tiimin johtajan luokse. Tiimin johtaja on pukeutunut punaisiin housuihin ja punaiseen takkiin.
"Hei Martin", Robert sanoo. "Paul ja David auttavat hengenpelastustempussa."
"Selvä. Tässä on täytetty laskuvarjohyppääjä ", Martin sanoo. Hän antaa täytetyn laskuvarjohyppääjän heille. Täytetty laskuvarjohyppääjä on puettu punaisiin housuihin ja punaiseen takkiin.
"Se on puettu kuin sinä", David sanoo hymyillen Martinille.
"Meillä ei ole aikaa puhua siitä", Martin sanoo. "Ottakaa se mukaan tähän lentokoneeseen."
Paul ja David vievät täytetyn laskuvarjohyppääjän lentokoneeseen. He istuutuvat pilotin viereen. Koko laskuvarjotiimi, paitsi sen johtaja, tulevat lentokoneeseen. He sulkevat oven. Viiden minuutin kuluttua lentokone on ilmassa. Kun se lentää San Franciscon yli, David näkee oman talonsa.
"Katso! Minun taloni on tuolla!" David huudahtaa.
Paul katsoo ikkunasta kaupungin katuja, aukioita ja puistoja. On hienoa lentää lentokoneella.
"Valmistautukaa hyppäämään!" pilotti huutaa. Laskuvarjohyppääjät nousevat seisomaan. He avaavat oven.
"Kymmenen, yhdeksän, kahdeksan, seitsemän, kuusi, viisi, neljä, kolme, kaksi, yksi! Menkää!" pilotti huutaa.
Laskuvarjohyppääjät alkavat hyppiä ulos lentokoneesta. Alhaalla maassa yleisö näkee punaisia, vihreitä, valkoisia, sinisiä ja keltaisia laskuvarjoja. Se näyttää erittäin hienolta. Martin, laskuvarjotiimin johtaja, katsoo myös ylös. Laskuvarjohyppääjät liitävät alas ja jotkut ovat jo laskeutuneet.
"Okei. Hyvää työtä, kaverit", Martin sanoo ja menee

"You see, it is a part of the show," Robert says. "This is a life-saving trick. The stuffed parachutist falls down. At this time a real parachutist flies to it, catches it and opens his own parachute. The 'man' is saved!"
"Great!" Paul answers, "I will help. Let's go!"
Paul and Robert go outside. They come to the bus stop Olympic and take a bus. It takes only ten minutes to go to the airshow. When they get off the bus, they see David.
"Hello David," Robert says. "Let's go to the airplane."
They see a parachute team at the airplane. They come to the head of the team. The head of the team is dressed in red trousers and a red jacket.
"Hello Martin," Robert says. "Paul and David will help with the life-saving trick."
"Okay. The stuffed parachutist is here," Martin says. He gives them the stuffed parachutist. The stuffed parachutist is dressed in red trousers and a red jacket.
"It is dressed like you," David says smiling to Martin.
"We have no time to talk about it," Martin says. "Take it into this airplane."
Paul and David take the stuffed parachutist into the airplane. They take seats at the pilot. All the parachute team but its head gets into the airplane. They close the door. In five minutes the airplane is in the air. When it flies over San Francisco David sees his own house.
"Look! My house is there!" David cries.
Paul looks through the window at streets, squares, and parks of the city. It is wonderful to fly in an airplane.
"Prepare to jump!" the pilot cries. The parachutists stand up. They open the door.
"Ten, nine, eight, seven, six, five, four, three, two, one. Go!" the pilot cries.
The parachutists begin to jump out of the airplane. The audience down on the land sees red, green, white, blue, yellow parachutes. It looks very nice. Martin, the

lähellä olevaan kahvilaan juomaan hieman kahvia. Lentonäytös jatkuu.

"Valmistautukaa hengenpelastustemppuun!" pilotti huutaa.

David ja Paul tuovat täytetyn laskuvarjohyppääjän ovelle.

"Kymmenen, yhdeksän, kahdeksan, seitsemän, kuusi, viisi, neljä, kolme, kaksi, yksi! Menkää!" pilotti huutaa.

Paul ja David työntävät täytetyn laskuvarjohyppääjää ovesta. Se putoaa ulos, mutta jää sitten roikkumaan. Sen kuminen "käsi" on jäänyt roikkumaan johonkin lentokoneen metalliosaan.

"Vauhtia pojat!" pilotti huutaa.

Pojat työntävät täytettyä laskuvarjohyppääjää täysillä, mutta eivät saa sitä irti.

Alhaalla maassa yleisö näkee punaisiin pukeutuneen miehen lentokoneen ovella. Kaksi muuta miestä yrittävät työntää häntä ulos. Ihmiset eivät voi uskoa silmiään. Se jatkuu noin minuutin. Sitten puna-asuinen laskuvarjohyppääjä putoaa alas. Toinen laskuvarjohyppääjä hyppää ulos lentokoneesta ja yrittää napata hänet. Mutta hän ei onnistu siinä. Puna-asuinen laskuvarjohyppääjä putoaa edelleen alas. Hän putoaa katon läpi kahvilan sisälle. Yleisö katsoo ääneti. Sitten ihmiset näkevät punaisiin pukeutuneen miehen juoksevan pihalle kahvilasta. Tämä puna- asuinen mies on Martin, laskuvarjotiimin johtaja. Mutta yleisö luulee, että hän on se pudonnut laskuvarjohyppääjä. Hän katsoo ylös ja huutaa vihaisesti. "Jos ette saa kiinni miestä, niin älkää edes yrittäkö sitä!"

Yleisö on hiljaa.

"Isi, tämä mies on hyvin vahva", pieni tyttö sanoo isälleen.

"Hänet on hyvin koulutettu", isä vastaa.

Lentonäytöksen jälkeen Paul ja David menevät Robertin luokse.

"Millaista työmme oli?" David kysyy.

"Öh... öö, se oli erittäin hyvää. Kiitos", Robert vastaa.

"Jos tarvitset jotain apua, sano vain", Paul sanoo.

*head of the parachute team is looking up too. The parachutists are flying down and some are landing already.*

"Okay. Good work guys," Martin says and goes to the nearby café to drink some coffee. *The airshow goes on.*

"Prepare for the life-saving trick!" the pilot cries.

*David and Paul take the stuffed parachutist to the door.*

"Ten, nine, eight, seven, six, five, four, three, two, one. Go!" the pilot cries.

*Paul and David push the stuffed parachutist through the door. It goes out but then stops. Its rubber "hand" catches on some metal part of the airplane.*

"Go-go boys!" the pilot cries.

*The boys push the stuffed parachutist very strongly but cannot get it out.*

*The audience down on the land sees a man dressed in red in the airplane door. Two other men are trying to push him out. People cannot believe their eyes. It goes on about a minute. Then the parachutist in red falls down. Another parachutist jumps out of the airplane and tries to catch it. But he cannot do it. The parachutist in red falls down. It falls through the roof inside of the café. The audience looks silently. Then the people see a man dressed in red run outside of the café. This man in red is Martin, the head of the parachutist team. But the audience thinks that he is that falling parachutist. He looks up and cries angrily.* "If you cannot catch a man then do not try it!"

*The audience is silent.*

"Daddy, this man is very strong," a little girl says to her dad.

"He is well trained," the dad answers.

*After the airshow Paul and David go to Robert.*

"How is our work?" David asks.

"Ah... Oh, it is very good. Thank you," Robert answers.

"If you need some help just say," Paul says.

# 17

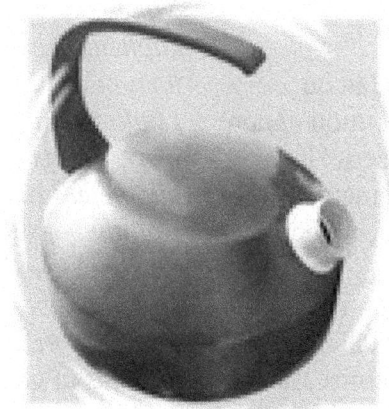

**Sammuta kaasu!**
*Turn the gas off!*

## A

### Sanat

1. aikoa - will
2. asuva - living
3. hetki - moment
4. huolellinen - careful
5. joka, kuka - who
6. joten - so
7. juna - train
8. jähmettyä - freeze
9. kaasu - gas
10. kaikki - everything
11. kaksikymmentä - twenty
12. kalpea - pale
13. kertoa, sanoa - tell, say
14. kilometri - kilometer
15. kisumirri - pussycat
16. käskeä - order
17. kääntää - turn
18. laittaa päälle - turn on
19. levittää - spread
20. lippu - ticket
21. lämmittää - warm up
22. lämpö - warm
23. neljäkymmentäneljä - forty-four
24. nopea, nopeasti - quick, quickly
25. outo - strange
26. ovela, ovelasti - sly, slyly
27. puhelimen luuri - phone handset
28. päiväkoti - kindergarten
29. rautatieasema - railway
30. sammuttaa - turn off
31. sihteeri - secretary
32. sillä välin - meanwhile
33. soitto - ring; soittaa, soida - to ring
34. teepannu - kettle
35. tulipalo - fire
36. tunne - feeling
37. täyttää - fill up
38. unohtaa - forget
39. vesihana - tap
40. välittömästi, heti - immediately
41. yhtäkkiä - suddenly
42. yksitoista - eleven
43. ääni - voice

# B

## Sammuta kaasu!

Kello on seitsemän aamulla. David ja Nancy ovat nukkumassa. Heidän äitinsä on keittiössä. Äidin nimi on Linda. Linda on neljäkymmentäneljä vuotta vanha. Hän on huolellinen nainen. Linda siivoaa keittiön ennen kuin hän menee töihin. Hän on sihteeri. Hän työskentelee kahdenkymmenen kilometrin päässä San Franciscosta. Linda menee yleensä junalla töihin.

Hän menee pihalle. Rautatieasema on lähellä, joten Linda menee sinne jalkaisin. Hän ostaa lipun ja nousee junaan. Töihin menemisessä kestää noin kaksikymmentä minuuttia. Linda istuu junassa ja katsoo ulos ikkunasta.

Yhtäkkiä hän jähmettyy. Teepannu! Se on hellalla ja hän unohti sammuttaa kaasun! David ja Nancy ovat nukkumassa. Tulipalo voi levitä huonekaluihin ja sitten… Linda muuttuu kalpeaksi. Mutta hän on fiksu nainen ja hetkessä hän tietää mitä tehdä. Hän pyytää naista ja miestä, jotka istuvat lähellä, soittamaan hänen kotiinsa ja kertomaan Davidille teepannusta.

Sillä välin David nousee ylös, peseytyy ja menee keittiöön. Hän ottaa teepannun pöydältä, täyttää sen vedellä ja laittaa sen hellalle. Sitten hän ottaa leipää ja voita ja tekee voileipiä. Nancy tulee keittiöön.

"Missä minun pieni kisumirrini on?" hän kysyy.
"En tiedä", David vastaa. "Mene kylpyhuoneeseen ja pese kasvosi. Me juomme nyt vähän teetä ja syömme muutaman voileivän. Sitten minä vien sinut päiväkotiin."

Nancy ei halua peseytyä. "En saa avattua vesihanaa", hän sanoo ovelasti.

"Minä autan sinua", hänen veljensä sanoo. Tällä hetkellä puhelin soi. Nancy juoksee nopeasti puhelimeen ja ottaa luurin.

"Hei, tämä on eläintarha. Kuka siellä?" hän sanoo. David ottaa luurin häneltä ja sanoo. "Hei. Täällä on David."

"Oletko sinä Kuningattarenkatu yhdessätoista

## *Turn the gas off!*

*It is seven o'clock in the morning. David and Nancy are sleeping. Their mother is in the kitchen. The mother's name is Linda. Linda is forty-four years old. She is a careful woman. Linda cleans the kitchen before she goes to work. She is a secretary. She works twenty kilometers away from San Francisco. Linda usually goes to work by train.*

*She goes outside. The railway station is nearby, so Linda goes there on foot. She buys a ticket and gets on a train. It takes about twenty minutes to go to work. Linda sits in the train and looks out of the window.*

*Suddenly she freezes. The kettle! It is standing on the cooker and she forgot to turn the gas off! David and Nancy are sleeping. The fire can spread on the furniture and then… Linda turns pale. But she is a smart woman and in a minute she knows what to do. She asks a woman and a man, who sit nearby, to telephone her home and tell David about the kettle.*

*Meanwhile David gets up, washes and goes to the kitchen. He takes the kettle off the table, fills it up with water and puts it on the cooker. Then he takes bread and butter and makes sandwiches. Nancy comes into the kitchen.*

*"Where is my little pussycat?" she asks.*
*"I do not know," David answers. "Go to the bathroom and wash your face. We will drink some tea and eat some sandwiches now. Then I will take you to the kindergarten."*

*Nancy does not want to wash. "I cannot turn on the water tap," she says slyly.*

*"I will help you," her brother says. At this moment the telephone rings. Nancy runs quickly to the telephone and takes the handset.*

*"Hello, this is the zoo. And who are you?" she says. David takes the handset from her and says. "Hello. This is David."*

*"Are you David Tweeter living at eleven Queen street?" the voice of a strange woman asks.*

asuva David Tweeter?" oudon naisen ääni kysyy.
"Kyllä", David vastaa.
"Mene välittömästi keittiöön ja sammuta kaasu!" naisen ääni huutaa.
"Kuka sinä olet? Miksi minun pitää sammuttaa kaasu?" David kysyy yllättyen.
"Tee se nyt!" ääni käskee.
David sammuttaa kaasun. Nancy ja David katsovat teepannua yllättyneinä.
"En ymmärrä", David sanoo. "Kuinka tämä nainen voi tietää, että me aiomme juoda teetä?"
"Minä olen nälkäinen", hänen siskonsa sanoo. "Koska me syömme?"
"Minäkin olen nälkäinen", David sanoo ja laittaa kaasun takaisin päälle. Tällä hetkellä puhelin soi uudestaan.
"Hei", David sanoo.
"Oletko sinä David Tweeter, joka asuu Kuningattarenkatu yhdessätoista?" oudon miehen ääni kysyy.
"Kyllä", David vastaa.
"Sammuta hellan kaasu välittömästi! Ole varovainen!" ääni käskee.
"Okei", David sanoo ja sammuttaa taas kaasun.
"Lähdetään päiväkotiin" David sanoo Nancylle tuntien, että he eivät juo teetä tänään.
"Ei. Minä haluan hieman teetä ja leipää voilla", Nancy sanoo vihaisesti.
"No, koitetaan lämmittää teepannu uudelleen", hänen veljensä sanoo ja laittaa kaasun päälle.
Puhelin soi ja tällä kertaa heidän äitinsä käskee sammuttaa kaasun. Sitten hän selittää kaiken.
Viimein Nancy ja David juovat teetä ja lähtevät päiväkotiin.

"Yes," David answers.
"Go to the kitchen immediately and turn the gas off!" the woman's voice cries.
"Who are you? Why must I turn the gas off?" David says in surprise.
"Do it now!" the voice orders.
David turns the gas off. Nancy and David look at the kettle in surprise.
"I do not understand," David says. "How can this woman know that we will drink tea?"
"I am hungry," his sister says. "When will we eat?"
"I am hungry too," David says and turns the gas on again. At this minute the telephone rings again.
"Hello," David says.
"Are you David Tweeter who lives at eleven Queen street?" the voice of a strange man asks.
"Yes," David answers.
"Turn off the cooker gas immediately! Be careful!" the voice orders.
"Okay," David says and turns the gas off again.
"Let's go to the kindergarten," David says to Nancy feeling that they will not drink tea today.
"No. I want some tea and bread with butter," Nancy says angrily.
"Well, let's try to warm up the kettle again," her brother says and turns the gas on.
The telephone rings and this time their mother orders to turn the gas off. Then she explains everything. At last Nancy and David drink tea and go to the kindergarten.

# 18

**Työvoimatoimisto**
*A job agency*

## A

**Sanat**

1. antaa, sallia - let
2. apulainen - helper
3. asema - position
4. fyysinen työ, ruumiillinen työ - manual work
5. harmaahiuksinen - grey-headed
6. huolehtia - worry
7. hämmentynyt - confused
8. kaapeli - cable
9. kaupunki - town
10. kokemus - experience
11. konsultoida, neuvoa - consult
12. kulkea - running
13. kustannus- - publishing
14. kuten - as
15. kuunnella tarkasti / tarkkaan - listen carefully
16. kuusikymmentä - sixty
17. käsivarsi - arm
18. lattia - floor
19. monitaitoinen - all-round
20. myös - also
21. neuvoja - consultant
22. numero - number
23. oli - was
24. olla samaa mieltä, olla yhtä mieltä - agree
25. patja - mattress
26. puoli - half
27. sama - the same
28. samaan aikaan - at the same time

29. selvä, varma, toki - sure
30. suositella - recommend
31. sähkö- - electric
32. tappava - deadly
33. tarina - story
34. tosissaan - seriously
35. tunnilta - per hour
36. tuntea toisensa - know each other
37. täristä - shake
38. vahva, vahvasti, voimakkaasti - strong, strongly
39. varovasti, tarkasti, tarkkaan - carefully
40. viisitoista - fifteen
41. virta - current
42. yksitellen - individually
43. älyllinen, luovuutta ja ajattelua vaativa työ (mental work in Finland mostly means physically light work; kevyt työ) - mental work
44. Älä huolehdi! - Do not worry!

## Työvoimatoimisto

Eräänä päivänä Paul menee Robertin huoneeseen ja näkee, että hänen ystävänsä makaa sängyllä täristen. Paul näkee joitain sähkökaapeleita kulkevan Robertista vedenkeittimeen. Paul uskoo, että Robert on tappavan sähkövirran alaisuudessa. Hän menee nopeasti sängyn luokse, ottaa patjasta kiinni ja vetää sitä kovaa. Robert putoaa lattialle. Sitten hän nousee seisomaan ja katsoo Paulia yllättyneenä.
"Mitä tuo oli?" Robert kysyy.
"Sinä olit sähkövirrassa", Paul sanoo.
"Ei, minä olin kuuntelemassa musiikkia", Robert sanoo ja näyttää CD-soitintaan.
"Ai, olen pahoillani", Paul sanoo. Hän on hämmentynyt.
"Kaikki on hyvin. Älä huolehdi", Robert sanoo rauhallisena puhdistaen housujaan.
"David ja minä menemme työvoimatoimistoon. Haluatko sinä tulla kanssamme?" Paul kysyy.
"Toki. Mennään yhdessä", Robert sanoo.
He menevät ulos ja ottavat bussin numero seitsemän. Heillä kestää noin viisitoista minuuttia mennä työvoimatoimistoon. David on jo siellä. He tulevat sisään rakennukseen. Työvoimatoimistossa on pitkä jonotusaika. He seisovat jonossa. Puolen tunnin päästä he tulevat toimistoon. Huoneessa on pöytä ja muutama kirjahylly. Harmaahiuksinen mies istuu pöydän ääressä. Hän on noin kuusikymmentävuotias.

## *A job agency*

*One day Paul goes to Robert's room and sees that his friend is lying on the bed shaking. Paul sees some electrical cables running from Robert to the electric kettle. Paul believes that Robert is under a deadly electric current. He quickly goes to the bed, takes the mattress and pulls it strongly. Robert falls to the floor. Then he stands up and looks at Paul in surprise.*
*"What was it?" Robert asks.*
*"You were on electrical current," Paul says.*
*"No, I was listening to the music," Robert says and shows his CD player.*
*"Oh, I am sorry," Paul says. He is confused.*
*"It's okay. Do not worry," Robert answers quietly cleaning his trousers.*
*"David and I go to a job agency. Do you want to go with us?" Paul asks.*
*"Sure. Let's go together," Robert says.*
*They go outside and take the bus number seven. It takes them about fifteen minutes to go to the job agency. David is already there. They come into the building. There is a long queue to the office of the job agency. They stand in the queue. In half an hour they come into the office. There is a table and some bookcases in the room. A gray-headed man is sitting at the table. He is about sixty years old.*
*"Come in guys!" he says friendly. "Take seats, please."*

"Tulkaa sisään pojat!" hän sanoo ystävällisesti. "Istuutukaa, olkaa hyvä."
David, Robert ja Paul istuutuvat.
"Nimeni on George Arvioija. Olen työvoimaneuvoja. Yleensä puhun vieraille yksitellen. Mutta koska olette opiskelijoita ja tunnette toisenne, voin neuvoa teitä yhdessä. Sopiiko se teille?"
"Kyllä, kiitos", David sanoo. "Meillä on kolme tai neljä tuntia vapaa-aikaa joka päivä. Tarvitsemme työtä tuoksi ajaksi."
"Hyvä. Minulla on jotain töitä opiskelijoille. Ja laita soittimesi pois", herra Arvioija sanoo Robertille.
"Voin kuunnella sinua ja musiikkia samaan aikaan", Robert sanoo.
"Jos todella haluat töitä, laita soitin pois ja kuuntele tarkasti, mitä sanon" herra Arvioija sanoo. "Nyt pojat, kertokaahan minkälaista työtä tarvitsette? Haluatteko kevyttä vai fyysistä työtä?"
"Voin tehdä mitä töitä vaan", Paul sanoo. "Olen vahva. Haluatko vääntää kättä?" hän kysyy ja laittaa käsivartensa herra Arvioijan pöydälle.
"Tämä ei ole urheilukerho, mutta jos haluat...", herra Arvioija sanoo. Hän laittaa käsivartensa pöydälle ja vääntää nopeasti Paulin käsivarren alas. "Kuten näet poika, sinun ei tarvitse olla vain vahva, vaan myös fiksu."
"Minä osaan tehdä kevyitäkin töitä", Paul sanoo. Hän haluaa todella paljon saada työtä. "Minä osaan kirjoittaa tarinoita. Minulla on joitain tarinoita kotikaupungistani."
"Tämä on todella mielenkiintoista" herra Arvioija sanoo. Hän ottaa
paperin. "Kustannustalo 'Monitaitoinen' tarvitsee nuorta apulaista kirjoittajaksi. He maksavat yhdeksän dollaria tunnilta."
"Siistiä!", Paul sanoo. "Voinko yrittää sitä?"
"Totta kai. Tässä on heidän puhelinnumeronsa ja osoitteensa" herra Arvioija sanoo ja antaa paperin Paulille.
"Ja te pojat voitte valita töistä maatilalla, tietokonefirmassa, sanomalehdessä tai supermarketissa. Koska teillä ei ole yhtään kokemusta, suosittelen, että aloitatte töissä maatilalla. He tarvitsevat kaksi työntekijää", herra

*David, Robert and Paul sit down.*
*"My name is George Estimator. I am a job consultant. Usually I speak with visitors individually. But as you are all students and know each other I can consult you all together. Do you agree?"*
*"Yes, sir," David says. "We have three or four hours of free time every day. We need to find jobs for that time, sir."*
*"Well. I have some jobs for students. And you take off your player," Mr. Estimator says to Robert.*
*"I can listen to you and to music at the same time," Robert says.*
*"If you seriously want to get a job take the player off and listen carefully to what I say;" Mr. Estimator says. "Now guys say what kind of job do you need? Do you need mental or manual work?"*
*"I can do any work," Paul says. "I am strong. Want to arm?" he says and puts his arm on Mr. Estimator's table.*
*"It is not a sport club here but if you want..." Mr. Estimator says. He puts his arm on the table and quickly pushes down Paul's arm. "As you see son, you must be not only strong but also smart."*
*"I can work mentally too, sir," Paul says again. He wants to get a job very much. "I can write stories. I have some stories about my native town."*
*"This is very interesting," Mr. Estimator says. He takes a sheet of paper. "The publishing house 'All-round' needs a young helper for a writing position. They pay nine dollar per hour."*
*"Cool!" Paul says. "Can I try?"*
*"Sure. Here are their telephone number and their address," Mr. Estimator says and gives a sheet of paper to Paul.*
*"And you guys can choose a job on a farm, in a computer firm, on a newspaper or in a supermarket. As you do not have any experience I recommend you to begin to work in a farm. They need two workers," Mr. Estimator says to David and Robert.*

Arvioija sanoo Davidille ja Robertille.
"Paljonko he maksavat?" David kysyy.
"Annas kun katson..." herra Arvioija katsoo tietokoneelta. "He tarvitsevat työntekijöitä kolmeksi tai neljäksi tunniksi päivässä ja maksavat seitsemän dollaria tunnilta. Lauantait ja sunnuntait ovat vapaapäiviä. Käykö se teille?" hän kysyy.
"Minulle käy", David sanoo.
"Minulle käy myös", Robert sanoo.
"Hyvä. Ottakaa maatilan puhelinnumero ja osoite", herra Arvioija sanoo ja antaa paperin heille.
"Kiitos",, pojat sanovat ja menevät ulos.

*"How much do they pay?" David asks.*
*"Let me see..." Mr. Estimator looks into the computer. "They need workers for three or four hours a day and they pay seven dollars per hour. Saturdays and Sundays are days off. Do you agree?" he asks.*
*"I agree," David says.*
*"I agree too," Robert says.*
*"Well. Take the telephone number and the address of the farm," Mr. Estimator says and gives a sheet of paper to them.*
*"Thank you, sir," the boys say and go outside.*

# 19

## David ja Robert pesevät kuorma-autoa (osa 1)
*David and Robert wash the truck (part 1)*

### A

**Sanat**

1. aalto - wave
2. ajokortti - driving license
3. aloittaa, alkaa, käynnistää - start
4. astua, painaa - step
5. edemmäs, kauemmas - further
6. ensimmäiseksi - at first
7. etupuoli, etu- - front
8. eturenkaat - front wheels
9. hiljaa, hitaasti - slowly
10. isompi - bigger
11. jarru - brake
12. jarruttaa - to brake
13. kahdeksas - eighth
14. kaukana - far
15. käyttää - use
16. keinua - pitch
17. kellua - float
18. kolmas - third
19. kone - machine
20. kuudes - sixth
21. kymmenes - tenth
22. laatikko - box
23. lähellä - close
24. lähempänä - closer
25. laiva - ship
26. lastata - load
27. melko - quite
28. merenranta - seashore
29. meri - sea
30. metri - meter
31. moottori - engine
32. neljäs - fourth

33. odottaa - wait
34. omistaja - owner
35. paljon - lot
36. pelto - field
37. pestä - wash
38. piha - yard
39. pitkin, myöten - along
40. purkaa - unload
41. rengas - wheel
42. saapua - arrive
43. seitsemäs - seventh
44. siemen - seed
45. siivota, siistiä - clean
46. sopiva - suitable
47. tarkistaa - check
48. tie, katu - road
49. toinen - second
50. työnantaja - employer
51. viides - fifth
52. voima - strength
53. yhdeksäs - ninth

## B

### David ja Robert pesevät kuorma-autoa (osa 1)

David ja Robert ovat nyt työskentelemässä maatilalla. He työskentelevät kolme tai neljä tuntia päivässä. Työ on melko raskasta. Heidän pitää tehdä paljon töitä joka päivä. He siivoavat maatilan pihan joka toinen päivä. He pesevät maatilan koneet joka kolmas päivä. Joka neljäntenä päivänä he työskentelevät maatilan pelloilla.
Heidän työnantajansa nimi on Daniel Ankara. Herra Ankara on maatilan omistaja ja hän tekee eniten töitä. Herra Ankara työskentelee hyvin ahkerasti. Hän antaa myös paljon töitä Davidille ja Robertille.
"Hei pojat, siistikää koneet loppuun, ottakaa kuorma-auto ja menkää kuljetusyritys Vikkelään", herra Ankara sanoo. "Heillä on kuorma minulle. Lastatkaa siemenlaatikot kuorma-autoon, tuokaa ne maatilalle ja purkakaa maatilan pihalle. Tehkää se nopeasti, koska minun pitää käyttää siemenet tänään. Ja älkää unohtako pestä kuorma-autoa."
"Selvä", David sanoo. He siistivät koneet ja nousevat kuorma-autoon. Davidilla on ajokortti, joten hän ajaa kuorma-autoa. Hän käynnistää moottorin ja ajaa ensin hitaasti maatilan pihan läpi ja sitten nopeasti tietä pitkin. Kuljetusyritys Vikkelä ei ole kaukana maatilasta. He saapuvat sinne viidessätoista minuutissa. Siellä he etsivät lastausovea numero kymmenen.

### *David and Robert wash the truck (part 1)*

*David and Robert are working on a farm now. They work three or four hours every day. The work is quite hard. They must do a lot of work every day. They clean the farm yard every second day. They wash the farm machines every third day. Every fourth day they work in the farm fields.*
*Their employer's name is Daniel Tough. Mr. Tough is the owner of the farm and he does most of the work. Mr. Tough works very hard. He also gives a lot of work to David and Robert.*
*"Hey boys, finish cleaning the machines, take the truck and go to the transport firm Rapid," Mr. Tough says. "They have a load for me. Load boxes with the seed in the truck, bring them to the farm, and unload in the farm yard. Do it quickly because I need to use the seed today. And do not forget to wash the truck".*
*"Okay," David says. They finish cleaning and get into the truck. David has a driving license so he drives the truck. He starts the engine and drives at first slowly through the farm yard, then quickly along the road. The transport firm Rapid is not far from the farm. They arrive there in fifteen minutes. They look for the loading door number ten there.*

David ajaa kuorma-auton huolellisesti lastauspihan läpi. He ohittavat ensimmäisen lastausoven, toisen, kolmannen, neljännen, viidennen, kuudennen, seitsemännen, kahdeksannen ja sitten yhdeksännen lastausoven. David ajaa kymmenennelle lastausovelle ja pysähtyy.

"Meidän pitää tarkistaa lastauslista ensin", sanoo Robert, jolla on jo vähän kokemusta tämän kuljetusyrityksen lastauslistoista. Hän menee lastaajan luokse, joka työskentelee ovella ja antaa hänelle lastauslistan. Lastaaja lastaa nopeasti viisi laatikkoa heidän kuorma-autoonsa. Robert tarkistaa laatikot huolellisesti. Kaikki laatikoissa olevat numerot ovat lastauslistalta.

"Numerot ovat oikein. Me voimme nyt lähteä", Robert sanoo.

"Okei", David sanoo ja käynnistää moottorin. "Minä luulen, että me voimme pestä kuorma-auton nyt. Sopiva paikka ei olisi kaukana täältä."

Viiden minuutin kuluttua he saapuvat meren rannalle.

"Haluatko sinä pestä kuorma-auton täällä?" Robert kysyy yllättyneenä.

"Joo! Tämä on hieno paikka, eikö olekin?" David sanoo. "Ja mistä me saamme sangon?" Robert kysyy. "Emme me tarvitse mitään sankoa. Minä ajan hyvin lähelle merta. Me otamme veden merestä", David sanoo ja ajaa hyvin lähelle vettä. Eturenkaat ovat vedessä ja aallot osuvat niihin.

"Mennään ulos ja aletaan pestä", Robert sanoo.

"Odota hetki. Minä ajan pikkuisen lähemmäs", David sanoo ja ajaa yhden tai kaksi metriä edemmäs. "Näin on parempi."

Sitten tulee isompi aalto ja vesi nostaa hieman kuorma-autoa ja kuljettaa sitä hitaasti kauemmas mereen.

"Seis! David, pysäytä kuorma-auto!" Robert huutaa. "Me olemme jo vedessä! Pysäytä, ole kiltti!"

"Se ei pysähdy!" David huutaa astuen jarrun päälle koko voimallaan. "Minä en saa sitä pysähtymään." Kuorma-auto kelluu hitaasti kauemmas mereen keinuen aalloissa kuin pieni laiva.

(jatkuu)

*David drives the truck carefully through the loading yard. They go past the first loading door, past the second loading door, past the third, past the fourth, past the fifth, past the sixth, past the seventh, past the eighth, then past the ninth loading door. David drives to the tenth loading door and stops.*

*"We must check the loading list first," Robert says who already has some experience with loading lists at this transport firm. He goes to the loader who works at the door and gives him the loading list. The loader loads quickly five boxes into their truck. Robert checks the boxes carefully. All numbers on the boxes have numbers from the loading list.*

*"Numbers are correct. We can go now," Robert says.*

*"Okay," David says and starts the engine, "I think we can wash the truck now. There is a suitable place not far from here".*

*In five minutes they arrive to the seashore.*

*"Do you want to wash the truck here?" Robert asks in surprise.*

*"Yeah! It is a nice place, isn't it?" David says.*

*"And where will we take a pail?" Robert asks.*

*"We do not need any pail. I will drive very close to the sea. We will take the water from the sea," David says and drives very close to the water. The front wheels go in the water and the waves run over them.*

*"Let's get out and begin washing," Robert says.*

*"Wait a minute. I will drive a bit closer," David says and drives one or two meters further. "It is better now."*

*Then a bigger wave comes and the water lifts the truck a little and carries it slowly further into the sea.*

*"Stop! David, stop the truck!" Robert cries. "We are in the water already! Please, stop!"*

*"It will not stop!!" David cries stepping on the brake with all his strength. "I cannot stop it!!" The truck is slowly floating further in the sea pitching on the waves like a little ship.*

*(to be continued)*

# 20

## David ja Robert pesevät kuorma-autoa (osa 2)
*David and Robert wash the truck (part2)*

### A

**Sanat**

1. ei koskaan - never
2. erottaa - fire
3. esimerkiksi - for example
4. esimerkki - example
5. hallinta, valvonta - control
6. halusi - wanted
7. huominen, huomenna - tomorrow
8. ilmoittaa, kertoa, informoida, tiedottaa - inform
9. jatkuva - constant
10. kaksikymmentäviisi - twenty-five
11. kelluminen - floating
12. kulku, virtaus - flow
13. kuntouttaa - rehabilitate
14. kuntoutus - rehabilitation
15. lintu - bird
16. miekkavalas - killer whale
17. nauraa - laugh
18. nauttia - enjoy
19. nielaista - swallow
20. ohjata - steer
21. oikea - right
22. olivat - were
23. onnettomuus, vahinko - accident
24. pelastaa - rescue
25. pelastuspalvelu - rescue service
26. pesty - cleaned
27. puhe - speech
28. raha - money
29. rakas - dear
30. ranta - shore
31. ruokkia - feed

32. seremonia, juhlatilaisuus - ceremony
33. sitten - ago
34. tankki - tanker
35. tapahtua - happen
36. tapahtunut - happened
37. tappaja - killer
38. tilanne - situation
39. toimittaja - journalist
40. tuuli - wind
41. uida - swim
42. uskomaton - wonderful
43. valas - whale
44. valokuvata; valokuvaaja - photograph; photographer
45. vapauttaa, päästää vapaaksi - set free
46. vasen - left
47. vuosi sitten - a year ago
48. öljy - oil

## B

## David ja Robert pesevät kuorma-autoa (osa 2)

Kuorma-auto kelluu kauemmas mereen keinuen aalloissa kuin pieni laiva.
David ohjaa vasemmalle ja oikealle painaen jarrua ja kaasua. Mutta hän ei saa hallittua kuorma-autoa. Voimakas tuuli työntää sitä merenrantaa myöden. David ja Robert eivät tiedä, mitä tehdä. He vain istuvat katsoen ulos ikkunasta. Merivettä alkaa tulla sisälle kuorma-autoon.
"Mennään ulos istumaan katolle", Robert sanoo. He istuvat katolla.
"Mietin sitä, mitähän herra Ankara sanoo?" Robert sanoo.
Kuorma-auto kelluu hitaasti noin kaksikymmentä metriä pois rannasta. Jotkut ihmiset rannalla pysähtyvät ja katsovat sitä yllättyneenä.
"Herra Ankara saattaa hyvinkin erottaa meidät", David vastaa.

Sillä välin yliopiston rehtori, herra Haukka tulee toimistoonsa. Sihteeri sanoo hänelle, että tänään tulee olemaan seremonia. He aikovat vapauttaa kaksi merilintua kuntoutuksen jälkeen. Kuntoutuskeskuksen työntekijät puhdistivat niistä öljyä pois tankki Gran Polluciónin onnettomuuden jälkeen. Onnettomuus tapahtui kuukausi sitten. Herra Haukan täytyy pitää puhe siellä. Seremonia alkaa kahdenkymmenenviiden minuutin kuluttua. Herra Haukka ja hänen sihteerinsä ottavat taksin ja saapuvat kymmenessä minuutissa

## *David and Robert wash the truck (part 2)*

*The truck is floating slowly further in the sea pitching on the waves like a little ship. David is steering to the left and to the right stepping on the brake and gas. But he cannot control the truck. A strong wind is pushing it along the seashore. David and Robert do not know what to do. They are just sitting, looking out of the windows. The sea water begins to run inside.*
*"Let's go out and sit on the roof," Robert says. They sit on the roof.*
*"What will Mr. Tough say, I wonder?" Robert says.*
*The truck is floating slowly about twenty meters away from the shore. Some people on the shore stop and look at it in surprise.*
*"Mr. Tough may fire us," David answers.*

*Meanwhile the head of the college Mr. Kite comes to his office. The secretary says to him that there will be a ceremony today. They will set free two sea birds after rehabilitation. Workers of the rehabilitation centre cleaned oil off them after the accident with the tanker Gran Pollución. The accident happened one month ago. Mr. Kite must make a speech there. The ceremony begins in twenty-five minutes.*
*Mr. Kite and his secretary take a taxi and in ten minutes arrive to the place of the*

seremoniapaikalle. Kyseiset kaksi lintua ovat jo siellä. Nyt ne eivät ole yhtä valkoisia kuin yleensä. Mutta nyt ne voivat jälleen uida ja lentää. Paikalla on paljon ihmisiä, toimittajia ja valokuvaajia. Seremonia alkaa kaksi minuuttia myöhemmin.Herra Haukka aloittaa puheensa.
"Rakkaat ystävät!" hän sanoo. "Tässä paikassa tapahtui kuukausi sitten Gran Polluciónin onnettomuus. Meidän pitää nyt kuntouttaa monia lintuja ja eläimiä. Se vaatii paljon rahaa. Esimerkiksi näiden kahden linnun kuntoutus maksoi 5000 dollaria. Ja nyt minä voin ilokseni kertoa, että yhden kuukauden kuntoutuksen jälkeen nämä kaksi upeaa lintua vapautetaan."
Kaksi miestä ottavat lintujen laatikon, vievät sen veteen ja avaavat sen. Linnut tulivat ulos laatikosta ja hyppäsivät sitten veteen ja uivat. Valokuvaajat ottavat kuvia. Toimittajat kyselevät kuntoutuskeskuksen työntekijöiltä eläimistä.
Yhtäkkiä iso miekkavalas nousee ylös, nielaisee nuo kaksi lintua nopeasti ja menee takaisin alas. Kaikki ihmiset katsovat paikkaa, missä linnut olivat aikaisemmin. Yliopiston rehtori ei usko silmiään. Miekkavalas nousee ylös uudestaan etsien lisää lintuja. Koska siellä ei ole muita lintuja, se menee takaisin alas. Herra Haukan pitää lopettaa puheensa.
"Ööh.." Hän valitsee sopivia sanoja. "Uskomaton elämän jatkuva kiertokulku ei koskaan lopu. Isommat eläimet syövät pienempiä eläimiä ja niin edelleen… öö.. Mikä tuo on?" hän sanoo katsoen veteen. Kaikki ihmiset katsovat sinne ja näkevät ison kuorma-auton kelluvan rantaa myöden keinuen aalloissa kuin pieni laiva. Kaksi kaveria istuu sen päällä katsoen seremoniapaikkaa.
"Hei herra Haukka", Robert sanoo. "Miksi ruokitte miekkavalaita linnuilla?"
"Hei Robert", herra Haukka vastaa. "Mitä te teette täällä, pojat?"
"Me halusimme pestä kuorma-auton", David vastaa.
"Minä huomaan sen", herra Haukka sanoo. Jotkut ihmisistä alkavat nähdä jotain hassua tässä tilanteessa. He alkavat nauraa.
"No, minä soitan nyt pelastuspalvelun. He auttavat teidät pois vedestä. Ja minä haluan tavataeidät

*ceremony. These two birds are already there. Now they are not so white as usually. But they can swim and fly again now. There are many people, journalists, photographers there now. In two minutes the ceremony begins. Mr. Kite begins his speech.*
*"Dear friends!" he says. "The accident with the tanker Gran Pollución happened at this place a month ago. We must rehabilitate many birds and animals now. It costs a lot of money. For example the rehabilitation of each of these birds costs 5,000 dollars! And I am glad to inform you now that after one month of rehabilitation these two wonderful birds will be set free."*
*Two men take a box with the birds, bring it to the water and open it. The birds go out of the box and then jump in the water and swim. The photographers take pictures. The journalists ask workers of the rehabilitation centre about the animals.*
*Suddenly a big killer whale comes up, quickly swallows those two birds and goes down again. All the people look at the place where the birds were before. The head of the college does not believe his eyes. The killer whale comes up again looking for more birds. As there are no other birds there, it goes down again. Mr. Kite must finish his speech now.*
*"Ah…," he chooses suitable words. "The wonderful constant flow of life never stops. Bigger animals eat smaller animals and so on… ah… what is that?" he says looking at the water. All the people look there and see a big truck floating along the shore pitching on the waves like a ship. Two guys sit on it looking at the place of the ceremony.*
*"Hello Mr. Kite," Robert says. "Why are you feeding killer whales with birds?"*
*"Hello Robert," Mr. Kite answers. "What are you doing there boys?"*
*"We wanted to wash the truck," David answers.*
*"I see," Mr. Kite says. Some of the people begin to enjoy this situation. They begin to laugh.*

toimistossani huomenna", yliopiston rehtori sanoo ja soittaa pelastuspalveluun.

"Well, I will call the rescue service now. They will get you out of the water. And I want to see you in my office tomorrow," the head of the college says and calls the rescue service.

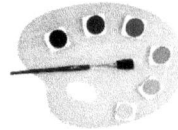

# 21

## Oppitunti
*A lesson*

### A

**Sanat**

1. aina - always
2. asia, esine, "juttu" - thing
3. hiekka - sand
4. huolehtia jostakin - care
5. huomio - attention
6. ilman - without; ilman sanoja, sanomatta sanaakaan - without a word
7. joka - which
8. kaataa - pour
9. kevyesti - slightly
10. kiinnittää huomiota johonkin, huomioida jotakin - pay attention to
11. kivi - stone
12. kuluttaa, käyttää - spend
13. lääketieteellinen - medical
14. lapset - children
15. luokka - class
16. menettää - loose
17. muu, muut - else
18. oikeasti, todella - really
19. onnellisuus - happiness
20. pieni - small
21. poikaystävä - boyfriend
22. purkki - jar
23. säilyä, pysyä - remain
24. sijasta, sen sijaan - instead
25. silti - still
26. tämä asia, tämä "juttu" - this stuff

27. tärkeä - important
28. televisio - television
29. terveys - health
30. tyhjä - empty

31. tyttöystävä - girlfriend
32. vähemmän - less
33. välissä - between
34. vanhempi - parent

 **B**

## Oppitunti

Yliopiston rehtori seisoo luokan edessä. Hänen edessään pöydällä on joitain laatikoita ja muita tavaroita. Kun oppitunti alkaa, hän ottaa ison, tyhjän purkin ja täyttää sen isoilla kivillä sanomatta mitään.
"Ajatteletteko, että purkki on jo täynnä?" hra Haukka kysyy opiskelijoilta.
"Kyllä, se on", opiskelijat ovat samaa mieltä.
Sitten hän ottaa laatikon, jossa on hyvin pieniä kiviä, ja kaataa ne purkkiin. Hän ravistelee purkkia kevyesti. Pienet kivet täyttävät tietenkin isojen kivien välissä olevat tilat.
"Mitä te ajatlette nyt? Purkki on jo täynnä, eikö olekin?" hra Haukka kysyy heiltä uudestaan.
"Kyllä, se on. Se on täynnä nyt", opiskelijat ovat taas samaa mieltä. He alkavat nauttia tästä oppitunnista. He alkavat nauraa.
Sitten hra Haukka ottaa laatikon, jossa on hiekkaa, ja kaataa sen purkkiin. Tietenkin hiekka täyttää kaiken jäljellä olevan tilan.
"Nyt minä haluan, että ajattelette tätä purkkia ihmisen elämänä. Isot kivet ovat tärkeitä asioita - perheesi, tyttöystäväsi tai poikaystäväsi, terveytesi, lapsesi, vanhempasi - asioita, jotka täyttävät elämäsi, vaikka menettäisit kaiken muun ja vain ne säilyisivät. Pienet kivet ovat muita asioita, jotka ovat vähemmän tärkeitä. Ne ovat asioita, kuten talosi, työpaikkasi ja autosi. Hiekka on kaikki muu - pienet asiat. Jos laitat hiekan purkkiin ensimmäiseksi, siellä ei ole tilaa pienille tai isoille kiville. Sama pätee elämään. Jos käytät kaiken aikasi ja energiasi pieniin asioihin, sinulla ei ole tilaa asioille, jotka ovat tärkeitä sinulle. Huomioi asiat, jotka ovat kaikkein tärkeimpiä onnellisuudellesi. Leiki lastesi tai pelaa vanhempiesi kanssa. Käytä aikaa mennäksesi

## *A lesson*

*The head of the college is standing before the class. There are some boxes and other things on the table before him. When the lesson begins he takes a big empty jar and without a word fills it up with big stones.*
*"Do you think the jar is already full?" Mr. Kite asks students.*
*"Yes, it is," agree students.*
*Then he takes a box with very small stones and pours them into the jar. He shakes the jar slightly. The little stones, of course, fill up the room between the big stones.*
*"What do you think now? The jar is already full, isn't it?" Mr. Kite asks them again.*
*"Yes, it is. It is full now," the students agree again. They begin to enjoy this lesson. They begin to laugh.*
*Then Mr. Kite takes a box of sand and pours it into the jar. Of course, the sand fills up all the other room.*
*"Now I want that you to think about this jar like a man's life. The big stones are important things - your family, your girlfriend and boyfriend, your health, your children, your parents - things that if you loose everything and only they remain, your life still will be full. Little stones are other things which are less important. They are things like your house, your job, your car. Sand is everything else - small stuff. If you put sand in the jar at first, there will be no room for little or big stones. The same goes for life. If you spend all of your time and energy on the small stuff, you will never have room for things that are important to you. Pay attention to things that are most important to your happiness. Play*

lääketieteellisiin testeihin. Vie tyttöystäväsi tai poikaystäväsi kahvilaan. Aina tulee olemaan aikaa mennä töihin, siivota talo ja katsoa televisiota", hra Haukka sanoo. "Huolehdi isoista kivistä ensin - asioista, jotka ovat oikeasti tärkeitä. Kaikki muu on vain hiekkaa." Hän katsoo opiskelijoita. "Nyt Robert ja David, mikä on tärkeämpää teille - kuorma-auton peseminen vai teidän elämänne? Te kellutte kuorma-autolla meressä niin kuin laivalla, vain koska te halusitte pestä kuorma-auton. Luuletteko, että ei ole toista tapaa pestä sitä?"
"Ei, me emme luule niin", David sanoo.
"Kuorma-auton voi pestä pesuasemalla sen sijaan, eikö niin?" sanoo hra Haukka.
"Kyllä, niin voi", sanovat opiskelijat.
"Teidän pitää aina harkita, ennen kuin teette jotakin. Teidän pitää aina huolehtia isoista kivistä, eikö niin?"
"Kyllä, meidän pitää", vastaavat opiskelijat.

*with your children or parents. Take time to get medical tests. Take your girlfriend or boyfriend to a café. There will be always time to go to work, clean the house and watch television," Mr. Kite says. "Take care of the big stones first - things that are really important. Everything else is just sand," he looks at the students. "Now Robert and David, what is more important to you - washing a truck or your lives? You float on a truck in the sea like on a ship just because you wanted to wash the truck. Do you think there is no other way to wash it?"*
*"No, we do not think so," David says.*
*"You can wash a truck in a washing station instead, can't you?" says Mr. Kite.*
*"Yes, we can," say the students.*
*"You must always think before you do something. You must always take care of the big stones, right?"*
*"Yes, we must," answer the students.*

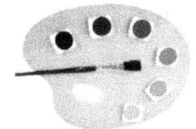

# 22

## Paul työskentelee kustantamossa
*Paul works at a publishing house*

 **A**

### Sanat

1. aikakauslehti - magazine
2. ammatti - profession
3. asiakas - customer
4. ei kukaan - nobody
5. ei mitään - nothing
6. erilainen - different
7. hauska - funny
8. ihminen - human
9. jne. - etc.
10. kävelevä, kävellen - walking
11. kehittää - develop
12. kieltäytyä - refuse
13. kolmekymmentä - thirty
14. koordinaatio - co-ordination
15. koska, lähtien - since
16. kylmä - cold
17. kylmyys - coldness
18. laatia, kirjoittaa - compose
19. leikkiminen - playing
20. luova - creative
21. maailma - world
22. mahdollinen - possible
23. moi, hei - hi
24. myydä - sell
25. nauhoittaa - record
26. nenä - nose
27. niin usein kuin mahdollista - as often as possible
28. nukkua - sleeping
29. pihalla, ulkona - outdoors

30. piippaus - beep
31. pimeä - dark
32. portaat, rappuset - stairs
33. puhelinvastaaja - answering machine
34. puhua - talk
35. saada - get
36. sääntö - rule
37. sade; sataa - rain
38. sanomalehti - newspaper
39. soittaa (puhelimella) - call
40. surullinen - sad
41. taito - skill
42. tarina - story
43. teksti - text; teksti, kirjoitus - composition
44. tuleva, tulevaisuuden - future
45. vähintään, ainakin - at least
46. vaikea - difficult
47. valmis - ready
48. valmistaa - produce
49. varsinkin, etenkin - especially
50. yhtiö, firma - company

##  B

### Paul työskentelee kustantamossa

Paul työskentelee nuorena apulaisena kustantamo Monitaitoisessa. Hän tekee kirjoitustöitä.
"Paul, meidän firmamme nimi on Monitaitoinen", firman johtaja herra Kettu sanoo. "Ja se tarkoittaa, että me voimme tehdä minkä tahansa tekstin ja suunnittelutyön mille tahansa asiakkaalle tahansa. Me saamme monia toimeksiantoja sanomalehdiltä, aikakauslehdiltä ja muilta asiakkailta. Kaikki toimeksiannot ovat erilaisia, mutta me emme koskaan kieltäydy yhdestäkään."
Paul pitää tästä työpaikasta paljon, koska hän voi kehittää luovia taitojaan. Hän nauttii luovista töistä, kuten kirjoittamisesta ja suunnittelusta. Koska hän opiskelee suunnittelua yliopistossa, se on oikein sopiva työpaikka hänen tulevaa ammattiaan ajatellen.
Herra Ketulla on tänään joitain uusia tehtäviä hänelle. "Meillä on muutamia toimeksiantoja. Sinä voit tehdä kaksi niistä", herra Kettu sanoo. "Ensimmäinen toimeksianto on puhelinyhtiöltä. He valmistavat vastaajilla varustettuja puhelimia. He tarvitsevat joitain hauskoja tekstejä vastaajiin. Mikään ei myy paremmin kuin hauskat asiat. Ole hyvä ja kirjoita neljä tai viisi tekstiä, kiitos."
"Kuinka pitkiä niiden pitää olla?" Paul kysyy.
"Ne voivat olla viidestä kolmeenkymmeneen sanaan", herra Kettu vastaa. "Ja toinen toimeksianto on sanomalehdeltä 'Vihreä maailma'. Tämä

### *Paul works at a publishing house*

*Paul works as a young helper at the publishing house All-round. He does writing work.*
*"Paul, our firm's name is All-round," the head of the firm Mr. Fox says. "And this means we can do any text composition and design work for any customer. We get many orders from newspapers, magazines and from other customers. All of the orders are different but we never refuse any."*
*Paul likes this job a lot because he can develop creative skills. He enjoys creative works like writing compositions and design. Since he studies design at college it is a very suitable job for his future profession.*
*Mr. Fox has some new tasks for him today. "We have some orders. You can do two of them," Mr. Fox says. "The first order is from a telephone company. They produce telephones with answering machines. They need some funny texts for answering machines. Nothing sells better than funny things. Compose four or five texts, please."*
*"How long must they be?" Paul asks.*
*"They can be from five to thirty words," Mr. Fox answers, "and the second order is from the magazine 'Green world'. This magazine writes about animals, birds, fish etc. They need a text about any home animal. It can be*

sanomalehti kirjoittaa eläimistä, linnuista, kaloista jne. He tarvitsevat tekstin jostakin kotieläimestä. Se voi olla hauska tai surullinen tai vain tarina omasta eläimestäsi. Onko sinulle eläintä?"
"Kyllä, minulla on kissa. Sen nimi on Suosikki", Paul vastaa. "Ja minä luulen, että voin kirjoittaa tarinan sen tempuista. Koska tekstien pitää olla valmiita?"
"Näiden kahden toimeksiannon pitää olla valmiita huomiseksi", herra Kettu vastaa.
"Selvä. Voinko aloittaa heti?" Paul kysyy.
"Kyllä vaan", herra Kettu sanoo.

Paul tuo nuo tekstit seuraavana päivänä. Hänellä on viisi tekstiä puhelinvastaajalle. Herra Kettu lukee ne läpi:
1. "Moi. Nyt sinun pitää sanoa jotakin."
2. "Hei. Minä olen vastaaja. Mikä sinä olet?"
3. "Moi. Vastaajaani lukuun ottamatta kukaan ei ole nyt kotona. Voit keskustella hänen kanssaan. Odota piippausta."
4. "Tämä ei ole vastaaja. Tämä on ajatusten nauhoituslaite. Piippauksen jälkeen ajattele nimeäsi, soittosi syytä ja numeroa, johon minä voin soittaa sinulle takaisin. Ja minä mietin, soitanko sinulle takaisin."
5. "Puhu piippauksen jälkeen! Sinulla on oikeus pysyä hiljaa. Minä nauhoitan ja käytän kaikkea sanomaasi."
"Ei hullumpaa. Ja mitenkäs on eläintarinoiden laita?" herra Kettu kysyy. Paul antaa hänelle toisen paperiarkin. Herra Kettu lukee:

**Sääntöjä kissoille**

Juokseminen:
Juokse nopeasti ja ihmisen läheltä hänen eteensä niin usein kuin mahdollista, varsinkin portaissa, silloin, kun he kantavat jotain käsissään, pimeässä ja kun he nousevat aamulla. Tämä harjoittaa heidän koordinaatiotaan.
Sängyssä:
Nuku aina öisin ihmisen päällä sängyssä, niin, että hän ei pääse kääntymään. Yritä maata hänen kasvoillaan. Huolehdi, että häntäsi on aivan hänen nenällään.
Nukkuminen:
Jotta leikkimiseen olisi tarpeeksi energiaa, kissan

*funny or sad, or just a story about your own animal. Do you have an animal?"*
*"Yes, I do. I have a cat. Its name is Favorite," Paul answers, "and I think I can write a story about its tricks. When must it be ready?"*
*"These two orders must be ready by tomorrow," Mr. Fox answers.*
*"Okay. May I begin now?" Paul asks.*
*"Yes, Paul," Mr. Fox says.*

*Paul brings those texts the next day. He has five texts for the answering machines. Mr. Fox reads them:*
*1. "Hi. Now you say something."*
*2. "Hello. I am an answering machine. And what are you?"*
*3. "Hi. Nobody is at home now but my answering machine is. So you can talk to it instead of me. Wait for the beep."*
*4. "This is not an answering machine. This is a thought-recording machine. After the beep, think about your name, your reason for calling and a number which I can call you back. And I will think about calling you back."*
*5. "Speak after the beep! You have the right to be silent. I will record and use everything you say."*
*"It is not bad. And what about animals?" Mr. Fox asks. Paul gives him another sheet of paper. Mr. Fox reads:*

***Some rules for cats***

*Walking:*
*As often as possible, run quickly and as close as possible in front of a human, especially: on stairs, when they have something on their hands, in the dark, and when they get up in the morning. This will train their co-ordination.*
*In bed:*
*Always sleep on a human at night. So he or she cannot turn in the bed. Try to lie on his or her face. Make sure that your tail is right on their nose.*
*Sleeping:*

pitää nukkua paljon (vähintään 16 tuntia päivässä). Ei ole vaikeaa löytää sopivaa nukkumispaikkaa. Mikä tahansa paikka, jossa ihminen tykkää istua, on hyvä. Pihalla on myös monia hyviä paikkoja. Mutta et voi käyttää niitä silloin kun sataa tai kun on kylmä. Voit käyttää avointa ikkunaa sen sijaan.
Herra Kettu nauraa.
"Hyvää työtä, Paul! Minä luulen, että sanomalehti 'Vihreä maailma' pitää kirjoituksestasi", hän sanoo.

*To have a lot of energy for playing, a cat must sleep a lot (at least 16 hours per day). It is not difficult to find a suitable place to sleep. Any place where a human likes to sit is good. There are good places outdoors too. But you cannot use them when it rains or when it is cold. You can use open windows instead.*
*Mr. Fox laughs.*
*"Good work, Paul! I think the magazine 'Green world' will like your composition," he says.*

# 23

## Kissojen sääntöjä
*Cat rules*

### A

**Sanat**

1. ajatteleva, ajatellen - thinking
2. askel; talloa, astua - step; to step
3. esittää, teeskennellä - pretend
4. hauskuus - fun
5. hieroa - rub
6. hyttynen - mosquito
7. jalka - leg
8. joskus, toisinaan - sometimes
9. jotakin, jotain - anything
10. karata - run away
11. kausi, vuodenaika - season
12. kokkaava, kokaten - cooking
13. koulu - school
14. läksy, kotitehtävä - homework
15. lapsi - child
16. lautanen (kuppi, kippo) - plate
17. lukien, lukeva - reading
18. mahdollisuus, tilaisuus - chance
19. maukas, herkullinen - tasty
20. muutama; joitakin, muutamia - a few
21. mysteeri - mystery
22. näppäimistö - keyboard
23. paniikki - panic; panikoida - to panic
24. piiloleikki - hide-and-seek
25. piiloutua, piileskellä - hide
26. planeetta - planet
27. purra - bite
28. rakastaa - love

29. rakkaus - love
30. sää - weather
31. saada, hankkia - get
32. salaisuus - secret
33. suudella, suukottaa - kiss
34. takana - behind
35. unohtaa - forget
36. vähän, harvat - few
37. vaikka - although
38. varastaa - steal
39. vessa, WC - toilet
40. vieras - guest

## Kissojen sääntöjä

"Aikakauslehti 'Vihreä maailma' on antanut meille uuden toimeksiannon", herra Kettu sanoo Paulille seuraavana päivänä. "Ja tämä toimeksianto on sinulle. He pitivät kirjoituksestasi ja he haluavat pidemmän tekstin 'Kissojen säännöistä'."
Paulilla kestää kaksi päivää kirjoittaa tämä teksti. Tässä se on.

### Salaisia sääntöjä kissoille

Vaikka kissat ovat parhaita ja uskomattomimpia eläimiä tällä planeetalla, ne tekevät joskus hyvin outoja asioita. Yksi ihmisistä onnistui varastamaan joitain kissojen salaisuuksia. Ne ovat joitain elämän sääntöjä, joilla vallataan maailma! Se, miten nämä säännöt auttavat kissoja, on silti totaalinen mysteeri ihmisille.
Kylpyhuone:
Mene aina vieraiden kanssa kylpyhuoneeseen ja vessaan. Sinun ei tarvitse tehdä mitään. Istu vain siellä, katsele heitä ja hiero välillä heidän jalkojaan.
Ovet:
Kaikkien ovien pitää olla auki. Jotta saat oven auki, katso ihmistä surullisesti. Kun hän avaa oven, sinun ei tarvitse kulkea siitä. Kun olet avannut tällä tavalla ulko- oven, seiso oviaukossa ja mieti jotain. Tämä on tärkeää varsinkin silloin, kun sää on hyvin kylmä, tai silloin, kun on sateinen päivä tai silloin, kun on hyttyskausi.
Kokkaus:
Istu aina kokkaavan ihmisen oikean jalan takana. Siten he eivät näe sinua ja silloin sinulla on parempi mahdollisuus tulla ihmisten tallomaksi.

## *Cat rules*

*"The magazine 'Green world' places a new order," Mr. Fox says to Paul next day, "and this order is for you, Paul. They like your composition and they want a bigger text about 'Cat rules'.*
*It takes Paul two days to compose this text. Here it is.*

### **Some secret rules for cats**

*Although cats are the best and the most wonderful animals on this planet, they sometimes do very strange things. One of the humans managed to steal some cat secrets. They are some rules of life in order to take over the world! But how these rules will help cats is still*
*a total mystery to the humans.*
*Bathrooms:*
*Always go with guests to the bathroom and to the toilet. You do not need to do anything. Just sit, look and sometimes rub their legs.*
*Doors:*
*All doors must be open. To get a door opened, stand looking sad at humans. When they open a door, you need not go through it. After you open in this way the outside door, stand in the door and think about something. This is especially important when the weather is very cold, or when it is a rainy day, or when it is the mosquito season.*
*Cooking:*
*Always sit just behind the right foot of cooking humans. So they cannot see you and you have a better chance that a human steps on you.*

Kun niin tapahtuu, he ottavat sinut syliinsä ja antavat sinulle jotain herkullista syötävää.

Kirjojen lukeminen:
Yritä päästä lähelle lukevan ihmisen kasvoja, silmien ja kirjan väliin. Parasta on maata kirjan päällä.

Lapsien koululäksyt:
Makaa kirjojen ja kirjoitusvihkojen päällä ja esitä nukkuvasi. Hyppää kynän päälle aika ajoin. Pure, jos lapsi yrittää hätistää sinut pois pöydältä.

Tietokone:
Kun ihminen työskentelee tietokoneella, hyppää pöydälle ja kävele ympäriinsä näppäimistöllä.

Ruoka:
Kissan pitää syödä paljon. Mutta syöminen on vain puolet hauskuudesta. Toinen puoli on ruoan hankkiminen. Kun ihmiset syövät, laita häntäsi heidän lautasilleen silloin, kun he eivät katso. Se antaa sinulle paremman mahdollisuuden saada täysi lautasellinen ruokaa. Älä koskaan syö omasta kupistasi, jos sinulla on mahdollisuus saada ruokaa pöydältä. Älä koskaan juo omasta vesikipostasi, jos voit juoda ihmisen kupista.

Piileskely:
Piileskele muutama päivä paikoissa, joista ihmiset eivät löydä sinua. Tämä saa ihmiset panikoimaan (jota he rakastavat), kun he luulevat, että karkasit. Kun tulet pois piilostasi, ihmiset suukottelevat sinua ja osoittavat sinulle rakkautensa. Voit ehkä saada jotain herkullista.

Ihmiset:
Ihmisten tehtävänä on ruokkia meitä, leikkiä meidän kanssamme ja siivota hiekkalaatikkomme. On tärkeää, että he eivät unohda, kuka on talon pomo.

*When it happens, they take you in their hands and give something tasty to eat.*

*Reading books:*
*Try to get closer to the face of a reading human, between eyes and the book. The best is to lie on the book.*

*Children's school homework:*
*Lie on books and copy-books and pretend to sleep. But from time to time jump on the pen. Bite if a child tries to take you away from the table.*

*Computer:*
*If a human works with a computer, jump up on the desk and walk over the keyboard.*

*Food:*
*Cats need to eat a lot. But eating is only half of the fun. The other half is getting the food. When humans eat, put your tail in their plate when they do not look. It will give you a better chance to get a full plate of food. Never eat from your own plate if you can take some food from the table. Never drink from your own water plate if you can drink from a human's cup.*

*Hiding:*
*Hide in places where humans cannot find you for a few days. This will make humans panic (which they love) thinking that you ran away. When you come out of the hiding place, the humans will kiss you and show their love. And you may get something tasty.*

*Humans:*
*Tasks of humans are to feed us, to play with us, and to clean our box. It is important that they do not forget who the head of the house is.*

# 24

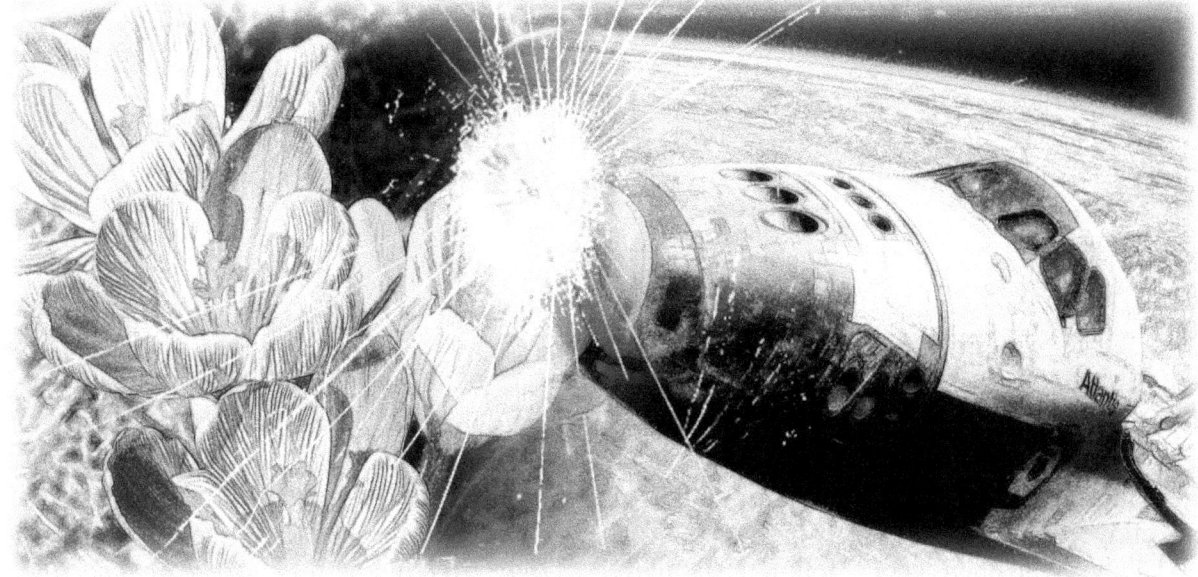

## Tiimityötä
*Teamwork*

### A

**Sanat**

1. aloitti, alkoi - began
2. avaruus - space
3. avaruusalus - spaceship
4. avaruusolio - alien
5. biljoona - billion
6. hymyili - smiled
7. ilmoitti - informed
8. jatkaa - continue; jatkaa katsomista - continue to watch
9. jompikumpi teistä - either of you
10. kapteeni - captain
11. katsoi - looked
12. kaunis - beautiful
13. keskus-, pää- - central
14. kollega, työtoveri, työkaveri - colleague
15. kukka - flower
16. kunnes - until
17. kuoli - died
18. kuolla - die
19. kuuli - heard
20. käynnisti - switched on
21. laser - laser
22. lensi pois - flew away
23. liikkui - moved
24. lopetettu - finished
25. lopetti - stopped
26. lyhyt - short
27. maa - earth
28. meni pois - went
29. muisti - remembered
30. oli, omisti - had
31. opettaa - teach

32. osallistua - take part
33. osoitti - pointed
34. pian - soon
35. pudota, kaatua - fall
36. putosi - fell
37. puutarha - garden
38. radio - radio
39. rakasti - loved
40. sanoi - said
41. sarja- - serial
42. sota - war
43. tanssi - danced
44. tanssia - dance
45. tanssiva - dancing
46. tappoi - killed
47. tiesi - knew
48. toimiva - working
49. tuhat - thousand
50. tuhota - destroy
51. tuli, pääsi - came
52. tutka - radar
53. tv, televisio - TV-set
54. tärisi - shook
55. vastaan, vastoin - against

 **B**

## Tiimityötä

David haluaa olla journalisti. Hän opiskelee yliopistolla. Hänellä on tänään kirjoitusoppitunti. Herra Haukka opettaa opiskelijoita kirjoittamaan artikkelin.
"Rakkaat ystävät", hän sanoo. "jotkut teistä tulevat työskentelemään kustantamoille, sanomalehdille tai aikakauslehdille, radiolle tai televisiolle. Tämä tarkoittaa, että tulette työskentelemään ryhmässä. Tiimissä työskenteleminen ei ole yksinkertaista. Haluaisin, että yritätte nyt kirjoittaa journalistisen tekstin ryhmässä. Minä tarvitsen pojan ja tytön."
Moni opiskelija haluaa osallistua ryhmätyöhön. Herra Haukka valitsee Davidin ja Carolin. Carol on Espanjasta, mutta hän puhuu englantia erittäin hyvin.
"Olkaa hyvä ja istukaa tämän pöydän ääreen. Nyt te olette kollegoja", herra Haukka sanoo heille. "Tulette kirjoittamaan lyhyen tekstin. Jompikumpi teistä aloittaa tekstin ja antaa sen sitten kollegalleen. Kollega lukee tekstin ja jatkaa sitä. Sitten kolleganne antaa sen takaisin ja ensimmäinen lukee sen ja jatkaa sitä. Ja niin edelleen, kunnes teidän aikanne on loppu. Teillä on kaksikymmentä minuuttia aikaa."
Herra Haukka antaa heille paperin ja Carol aloittaa. Hän miettii hetken ja kirjoittaa sitten.

## *Teamwork*

*David wants to be a journalist. He studies at a college. He has a composition lesson today. Mr. Kite teaches students to write composition.*
*"Dear friends," he says, "some of you will work for publishing houses, newspapers or magazines, the radio or television. This means you will work in a team. Working in a team is not simple. Now I want that you try to make a journalistic composition in a team. I need a boy and a girl."*
*Many students want to take part in the team work. Mr. Kite chooses David and Carol. Carol is from Spain but she can speak English very well.*
*"Please, sit at this table. Now you are colleagues," Mr. Kite says to them. "You will write a short composition. Either of you will begin the composition and then give it to your colleague. Your colleague will read the composition and continue it. Then your colleague will give it back and the first one will read and continue it. And so on until your time is over. I give you twenty minutes."*
*Mr. Kite gives them paper and Carol begins. She thinks a little and then writes.*

## Ryhmätyö

Carol: Julia katsoi ikkunasta. Kukat hänen puutarhassaan liikkuivat tuulessa kuin tanssien. Hän muisti sen illan, jolloin hän tanssi Billyn kanssa. Se oli vuosi sitten, mutta hän muisti kaiken - hänen siniset silmänsä, hänen hymynsä ja hänen äänensä. Se oli onnellista aikaa hänelle, mutta nyt se oli ohi. Miksi hän ei ollut hänen kanssaan?

David: Tällä hetkellä avaruuskapteeni Billy Brisk oli avaruusalus Valkoisella Tähdellä. Hänellä oli tärkeä tehtävä eikä hänellä ollut aikaa ajatella sitä typerää tyttöä, jonka kanssa hän tanssi vuosi sitten. Hän osoitti nopeasti Valkoisen Tähden laserit avaruusolioiden avaruusaluksiin. Sitten hän käynnisti radion ja sanoi avaruusolioille: "Minä annan teille tunnin aikaa antautua. Jos ette antaudu tunnissa, minä tuhoan teidät." Mutta ennen kuin hän lopetti, avaruusolioiden laser osui Valkoisen Tähden vasempaan moottoriin. Billyn laser alkoi ampua avaruusolioiden avaruusaluksia ja samaan aikaan hän käynnisti keskimmäisen ja oikean moottorin. Avaruusolioiden laser tuhosi toimivan oikean moottorin ja Valkoinen Tähti tärisi pahasti. Billy kaatui lattialle ajatellen kaatumisen aikana sitä mikä avaruusolioiden avaruusaluksista hänen pitäisi tuhota ensimmäisenä.

Carol: Mutta hän löi päänsä metallilattiaan ja kuoli samalla hetkellä. Mutta ennen kuin hän kuoli, hän muisti kauniin tyttöparan, joka rakasti häntä ja hän oli hyvin pahoillaan, että hän lähti pois hänen luotaan. Pian ihmiset lopettivat tämän typerän sodan avaruusolioparkoja vastaan. He tuhosivat kaikki omat avaruusaluksensa ja laserinsa ja ilmoittivat avaruusolioille, että ihmiset eivät koskaan aloita sotaa heitä vastaan uudestaan. Ihmiset sanoivat, että he halusivat olla ystäviä avaruusolioiden kanssa. Julia oli hyvin iloinen, kun hän kuuli siitä. Sitten hän avasi tv:n ja jatkoi mahtavan saksalaisen sarjan katsomista.

David: Koska ihmiset tuhosivat omat tutkansa ja laserinsa, kukaan ei tiennyt, että avaruusolioiden avaruusalukset tulivat hyvin lähelle maata. Tuhannet avaruusolioiden laserit ampuivat maata ja tappoivat typerän Julia- paran ja viisi biljoonaa ihmistä sekunnissa. Maa oli tuhottu ja sen

## Team composition

*Carol: Julia was looking through the window. The flowers in her garden were moving in the wind as if dancing. She remembered that evening when she danced with Billy. It was a year ago but she remembered everything - his blue eyes, his smile and his voice. It was a happy time for her but it was over now. Why was not he with her?*

*David: At this moment space captain Billy Brisk was at the spaceship White Star. He had an important task and he did not have time to think about that silly girl who he danced with a year ago. He quickly pointed the lasers of White Star at alien spaceships. Then he switched on the radio and talked to the aliens: "I give you an hour to give up. If in one hour you do not give up I will destroy you." But before he finished an alien laser hit the left engine of the White Star. Billy's laser began to hit alien spaceships and at the same time he switched on the central and the right engines. The alien laser destroyed the working right engine and the White Star shook badly. Billy fell on the floor thinking during the fall which of the alien spaceships he must destroy first.*

*Carol: But he hit his head on the metal floor and died at the same moment. But before he died he remembered the poor beautiful girl who loved him and he was very sorry that he went away from her. Soon people stopped this silly war on poor aliens. They destroyed all of their own spaceships and lasers and informed the aliens that people would never start a war against them again. People said that they wanted to be friends with the aliens. Julia was very glad when she heard about it. Then she switched on the TV-set and continued to watch a wonderful German serial.*

*David: Because people destroyed their own radars and lasers, nobody knew that spaceships of aliens came very close to the Earth. Thousands of aliens' lasers hit the Earth and killed poor silly Julia and five billion people in a second. The Earth was*

liikkuvat osat lensivät pois avaruuteen.
"Minä huomaan, että saitte tekstinne valmiiksi ennen kuin aikanne oli ohi", sanoi herra Haukka hymyillen. "No, oppitunti on ohi. Seuraavalla oppitunnilla lukekaamme teksti läpi ja puhukaamme tästä ryhmätyöstä."

*destroyed and its turning parts flew away in space.*
*"I see you came to the finish before your time is over," Mr. Kite smiled. "Well, the lesson is over. Let us read and speak about this team composition during the next lesson."*

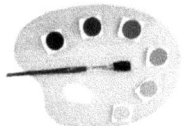

# 25

**Robert ja David etsivät uutta työtä**
*Robert and David are looking for a new job*

## A

### Sanat

1. arvioida - estimate
2. eläinlääkäri - vet
3. espanjalainen - Spanish
4. henkilökohtainen - personal
5. idea, ajatus - idea
6. ikä - age
7. insinööri - engineer
8. johtaja - leader
9. kirjoittaja, kirjailija - writer
10. kissanpentu, kissanpoikanen - kitten
11. konsultointi - consultancy
12. kyselylomake - questionnaire
13. kääntäjä - translator
14. lahja - gift
15. lemmikki - pet
16. likainen - dirty
17. luonto - nature
18. lääkäri - doctor
19. löytyi - found
20. maanviljelijä - farmer
21. mainos - advert
22. mainos, ilmoitus - ad
23. matkustaa - travel
24. naapuri - neighbour
25. ohjelmoija - programmer
26. otsikko - rubric
27. ovela - sly
28. palvella - serve
29. pentu - puppy
30. rotta - rat
31. ruoka - food
32. samalla kuin - while

33. spanieli - spaniel
34. suositella - recommend
35. suosittelu - recommendation
36. taide - art
37. taiteilija - artist
38. tekniikka - method
39. unelma - dream
40. unelmoida - to dream
41. yksitoikkoinen - monotonous
42. ääneen - aloud

## B

### Robert ja David etsivät uutta työtä

Robert ja David ovat Davidin kotona. David siivoaa pöytää aamiaisen jälkeen ja Robert lukee mainoksia ja ilmoituksia sanomalehdestä. Hän lukee otsikon "Eläimet". Davidin sisko Nancy on myös huoneessa. Hän yrittää napata sängyn alla piileskelevän kissan.
"Sanomalehdessä on niin monta lemmikkiä tarjolla ilmaiseksi. Minä luulen, että minä valitsen kissan tai koiran. David, mitä mieltä sinä olet?" Robert kysyy.
"Nancy, älä häiritse kissaa!" David sanoo vihaisesti. "No Robert, se ei ole huono idea. Lemmikkisi on aina odottamassa sinua kotona ja on niin iloinen kun tulet takaisin kotiin ja annat sille vähän ruokaa. Ja älä unohda, että sinun pitää kävelyttää lemmikkiäsi aamuisin ja iltaisin tai siivota sen laatikko. Joskus sinun pitää siivota lattia tai viedä lemmikkisi eläinlääkärille. Joten harkitse huolellisesti ennen kuin hankit eläimen."
"No, täällä on joitain ilmoituksia. Kuuntele", Robert sanoo ja alkaa lukemaan ääneen: "Löydetty likainen, valkoinen koira, näyttää rotalta. Se on saattanut asua ulkona pitkän aikaa. Minä annan sen pois rahasta."
Tässä on vielä yksi: "Espanjalainen koira, puhuu espanjaa. Annetaan pois ilmaiseksi. Ja ilmaisia pentuja, puoliksi spanieleita, puoliksi naapurin ovelaa koiraa", Robert katsoo Davidia: "Kuinka koira voi puhua espanjaa?"
"Koira saattaa ymmärtää espanjaa. Ymmärrätkö sinä espanjaa?" David kysyy irvistäen.
"Minä en ymmärrä espanjaa. Kuuntele, tässä on vielä yksi ilmoitus: "Annetaan pois ilmaiseksi farmikissanpentuja. Valmiita syömään. Ne syövät mitä tahansa."

### *Robert and David are looking for a new job*

*Robert and David are at David's home. David is cleaning the table after breakfast and Robert is reading adverts and ads in a newspaper. He is reading the rubric "Animals". David's sister Nancy is in the room too. She is trying to catch the cat hiding under the bed.*
*"There are so many pets for free in the newspaper. I think I will choose a cat or a dog. David, what do you think?" Robert asks David.*
*"Nancy, do not bother the cat!" David says angrily. "Well Robert, it is not a bad idea. Your pet will always wait for you at home and will be so happy when you come back home and give some food. And do not forget that you will have to walk with your pet in mornings and evenings or clean its box. Sometimes you will have to clean the floor or take your pet to a vet. So think carefully before you get an animal."*
*"Well, there are some ads here. Listen," Robert says and begins to read aloud: "Found dirty white dog, looks like a rat. It may live outside for a long time. I will give it away for money."*
*Here is one more: "Spanish dog, speaks Spanish. Give away for free. And free puppies half spaniel half sly neighbor's dog," Robert looks at David. "How can a dog speak Spanish?"*
*"A dog may understand Spanish. Can you understand Spanish?" David asks smiling.*
*"I cannot understand Spanish. Listen, here is one more ad: "Give away free farm kittens.*

Robert kääntää sanomalehden sivua. "No hyvä, minä luulen, että lemmikit saavat odottaa. Minun on parempi etsiä työpaikkaa." Hän löytää otsikon työpaikoista ja lukee ääneen: "Oletko etsimässä sopivaa työpaikkaa? Työnvälitys 'Sopiva henkilöstö' voi auttaa sinua. Konsulttimme arvioivat henkilökohtaiset lahjasi ja antavat sinulle suosituksen sopivimmasta ammatista."
Robert katsoo ylös ja sanoo: "David, mitä mieltä sinä olet?"
"Paras työ teille on kuorma-auton peseminen meressä ja jättää se kellumaan", Nancy sanoo ja juoksee nopeasti ulos huoneesta.
"Se ei ole huono idea. Mennään heti", David vastaa ja ottaa varovasti kissan pois teepannusta, mihin Nancy laittoi eläimen hetki sitten.
Robert ja David saapuvat työpaikkakonsultointi 'Sopivaan henkilöstöön' polkupyörillään. Siellä ei ole jonoa, joten he menevät sisälle. Siellä on kaksi naista. Toinen heistä puhuu puhelimeen. Toinen nainen kirjoittaa jotakin. Hän pyytää Robertia ja Davidia istumaan. Hänen nimensä on rouva Terävä. Hän kysyy heiltä heidän nimiään ja heidän ikäänsä.
"No niin, antakaa minun selittää tekniikka, jota me käytämme. Katsokaas, on olemassa viisi ammattityyppiä.
1. Ensimmäinen tyyppi on ihminen - luonto. Ammatit: maanviljelijä, eläintenhoitaja jne.
2. Toinen tyyppi on ihminen - kone. Ammatit: pilotti, taksinkuljettaja, trukinkuljettaja jne.
3. Kolmas tyyppi on ihminen - ihminen. Ammatit: lääkäri, opettaja, toimittaja jne.
4. Neljäs tyyppi on ihminen - tietokone. Ammatit: kääntäjä, insinööri, ohjelmoija jne.
5. Viides tyyppi on ihminen - taide. Ammatit: kirjailija, taiteilija, laulaja jne.
Me annamme suositteluja sopivista ammateista vasta, kun olemme oppineet tuntemaan teidät paremmin. Ensiksi, antakaa minun arvioida henkilökohtaiset lahjanne. Minun pitää tietää mistä pidätte ja mistä ette pidä. Sitten me tiedämme, minkälainen ammatti on teille sopivin. Olkaa hyvä ja täyttäkää nyt kyselylomake", rouva Terävä sanoo ja antaa heille kyselylomakkeet. David ja Robert täyttävät kyselylomakkeet.

*Ready to eat. They will eat anything,"*
*Robert turns the newspaper. "Well, I think pets can wait. I will better look for a job," he finds the rubric about jobs and reads aloud,*
*"Are you looking for a suitable job? The job consultancy 'Suitable personnel' can help you. Our consultants will estimate your personal gifts and will give you a recommendation about the most suitable profession."*
*Robert looks up and says: "David what do you think?"*
*"The best job for you is washing a truck in the sea and let it float," Nancy says and quickly runs out of the room.*
*"It is not a bad idea. Let's go now," David answers and takes carefully the cat out of the kettle, where Nancy put the animal a minute ago.*
*Robert and David arrive to the job consultancy "Suitable personnel" by their bikes. There is no queue, so they go inside. There are two women there. One of them is speaking on the telephone. Another woman is writing something. She asks Robert and David to take seats. Her name is Mrs. Sharp. She asks them their names and their age.*
*"Well, let me explain the method which we use. Look, there are five kinds of professions.*
*1. The first kind is man - nature. Professions: farmer, zoo worker etc.*
*2. The second kind is man - machine. Professions: pilot, taxi driver, truck driver etc.*
*3. The third kind is man - man. Professions: doctor, teacher, journalist etc.*
*4. The fourth kind is man - computer. Professions: translator, engineer, programmer etc.*
*5. The fifth kind is man - art. Professions: writer, artist, singer etc.*
*We give recommendations about a suitable profession only when we learn about you more. First let me estimate your personal gifts. I must know what you like and what you dislike. Then we will know which kind of profession is the most suitable for you. Please, fill up the questionnaire now," Mrs. Sharp says and gives them the questionnaires. David*

and Robert fill up the questionnaires.

## Kyselylomake
Nimi: David Tweeter
Vahtia koneita - Minulla ei ole mitään sitä vastaan
Puhua ihmisten kanssa - Minä pidän
Palvella asiakkaita - Minulla ei ole mitään sitä vastaan
Ajaa autoja, kuorma-autoja - Minä pidän
Työskennellä sisällä - Minä pidän
Työskennellä ulkona - Minä pidän
Muistaa paljon - Minulla ei ole mitään sitä vastaan
Matkustaa - Minä pidän
Arvioida, tarkistaa - Minä vihaan
Likainen työ - Minulla ei ole mitään sitä vastaan
Yksitoikkoinen työ - Minä vihaan
Raskas työ - Minulla ei ole mitään sitä vastaan
Olla johtaja - Minulla ei ole mitään sitä vastaan
Työskennellä tiimissä - Minulla ei ole mitään sitä vastaan
Unelmoida samalla kuin työskennellä - Minä pidän
Harjoitella - Minulla ei ole mitään sitä vastaan
Tehdä luovaa työtä - Minä pidän
Työskennellä tekstien kanssa - Minä pidän

## Questionnaire
Name: David Tweeter
Watch machines - I do not mind
Speak with people - I like
Serve customers - I do not mind
Drive cars, trucks - I like
Work inside - I like
Work outside - I like
Remember a lot - I do not mind
Travel - I like
Estimate, check - I hate
Dirty work - I do not mind
Monotonous work - I hate
Hard work - I do not mind
Be leader - I do not mind
Work in team - I do not mind
Dream while working - I like
Train - I do not mind
Do creative work - I like
Work with texts - I like

## Kyselylomake
Nimi: Robert Genscher
Vahtia koneita - Minulla ei ole mitään sitä vastaan
Puhua ihmisten kanssa - Minä pidän
Palvella asiakkaita - Minulla ei ole mitään sitä vastaan
Ajaa autoja, kuorma-autoja - Minulla ei ole mitään sitä vastaan
Työskennellä sisällä - Minä pidän
Työskennellä ulkona - Minä pidän
Muistaa paljon - Minulla ei ole mitään sitä vastaan
Matkustaa - Minä pidän
Arvioida, tarkistaa - Minulla ei ole mitään sitä vastaan
Likainen työ - Minulla ei ole mitään sitä vastaan
Yksitoikkoinen työ - Minä vihaan
Raskas työ - Minulla ei ole mitään sitä vastaan
Olla johtaja - Minä vihaan
Työskennellä tiimissä - Minä pidän
Unelmoida samalla kuin työskennellä - Minä pidän
Harjoitella - Minulla ei ole mitään sitä vastaan
Tehdä luovaa työtä - Minä pidän
Työskennellä tekstien kanssa - Minä pidän

## Questionnaire
Name: Robert Genscher
Watch machines - I do not mind
Speak with people - I like
Serve customers - I do not mind
Drive cars, trucks - I do not mind
Work inside - I like
Work outside - I like
Remember a lot - I do not mind
Travel - I like
Estimate, check - I do not mind
Dirty work - I do not mind
Monotonous work - I hate
Hard work - I do not mind
Be leader - I hate
Work in team - I like
Dream while working - I like
Train - I do not mind
Do creative work - I like
Work with texts - I like

# 26

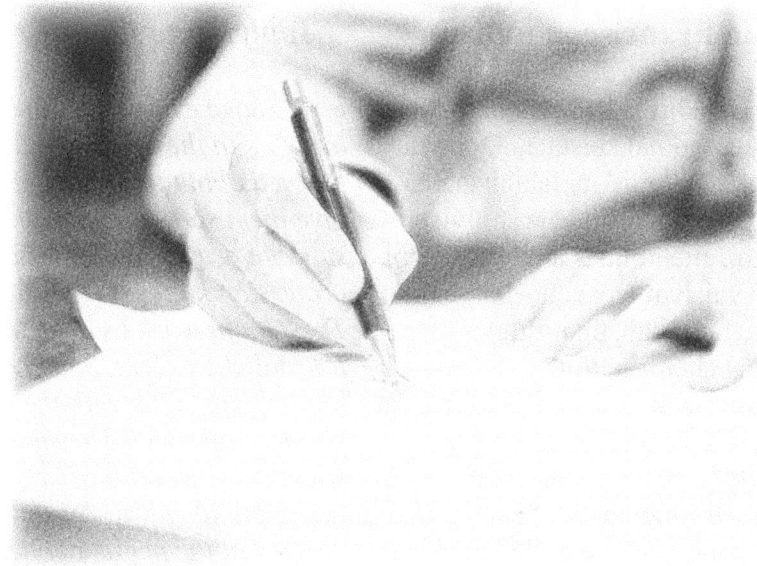

## Hakeminen "San Franciscon uutisiin"
*Applying to "San Francisco News"*

### A

**Sanat**

1. alleviivata - underline
2. antoi - gave
3. arvioi - estimated
4. hakea - apply
5. jättää, jätti - leave
6. kaksikymmentäyksi - twenty-one
7. kansallisuus, kansalaisuus - nationality
8. kenttä - field
9. koulutus - education
10. kysyi - asked
11. lomake, kaavake - form
12. mies, miespuolinen - male
13. naimaton - single
14. nainen, naispuolinen - female
15. näkemiin - goodbye
16. neiti - Miss
17. oppi - learned about
18. otti, vei - took
19. päätoimittaja - editor
20. partio - patrol
21. poliisi - police
22. raportoida - report
23. rikollinen, rikos - criminal
24. saapui - arrived
25. seitsemäntoista - seventeen
26. seurata - accompany
27. siviilisääty - family status
28. status, asema, sääty - status
29. sujuva, sujuvasti - fluently
30. sukupuoli - sex
31. suositteli - recommended
32. tähti - asterisk
33. talous - finance
34. tieto - information

35. toimittaja - reporter
36. toinen nimi - middle name
37. tyhjä - blank, empty
38. työskenteli - worked
39. viikko - week
40. voi - could

## B

### Hakeminen "San Franciscon uutisiin"

Rouva Terävä arvioi Davidin ja Robertin vastauksen heidän kyselylomakkeistaan. Opittuaan enemmän heidän henkilökohtaisista lahjoistaan, hän voisi antaa heille jotain suosituksia sopivista ammateista. Hän sanoi, että kolmas ammattityyppi oli sopivin heille. He voisivat työskennellä lääkärinä, opettajanatai journalistina. Rouva Terävä suositteli heitä hakemaan töitä sanomalehti "San Franciscon uutisista". He antavat osa- aikaisen työn opiskelijoille, jotka osaavat kirjoittaa poliisiraportteja rikososioon. Joten Robert ja David menivät sanomalehti "San Franciscon uutisten" henkilöstöosastolle ja hakivat tätä työtä.
"Olemme olleet työpaikkakonsultointi 'Sopivassa henkilöstössä' tänään", David sanoi neiti Solakalle, joka on henkilöstöosaston johtaja. "He ovat suositelleet meitä hakemaan teidän sanomalehteenne."
"No, oletteko työskennelleet toimittajana aikaisemmin?" neiti Solakka kysyi.
"Ei, emme ole", David vastasi.
"Olkaa hyvä ja täyttäkää nämä henkilötietolomakkeet", neiti Solakka sanoi ja antoi heille kaksi lomaketta. Robert ja David täyttivät henkilötietolomakkeet.

#### Henkilötietolomake
*Sinun tulee täyttää tähdellä\* merkityt kentät. Voit jättää muut kentät tyhjäksi.*
Etunimi\* - David
Toinen nimi
Sukunimi\* - Tweeter
Sukupuoli\* (alleviivaa) - <u>Mies</u> Nainen
Ikä\* Kaksikymmentä vuotta
Kansallisuus\* - amerikkalainen
Siviilisääty (alleviivaa) - <u>naimaton</u> avioliitossa
Osoite\* - Kuningattarenkatu 11, San Francisco,

### *Applying to "San Francisco News"*

*Mrs. Sharp estimated David's and Robert's answers in the questionnaires. When she learned about their personal gifts she could give them some recommendations about suitable professions. She said that the third profession kind is the most suitable for them. They could work as a doctor, a teacher or a journalist etc. Mrs. Sharp recommended them to apply for a job with the newspaper „San Francisco News". They gave a part time job to students who could compose police reports for the criminal rubric. So Robert and David arrived at the personnel department of the newspaper „San Francisco News" and applied for this job.*
*"We have been to the job consultancy 'Suitable personnel' today," David said to Miss Slim, who was the head of the personnel department. "They have recommended us to apply to your newspaper."*
*"Well, have you worked as a reporter before?" Miss Slim asked.*
*"No, we have not," David answered.*
*"Please, fill up these personal information forms," Miss Slim said and gave them two forms. Robert and David filled up the personal information forms.*

#### *Personal information form*
*You must fill up fields with asterisk \*. You can leave other fields blank.*
*First name\* - David*
*Middle name*
*Last name\* - Tweeter*
*Sex\* (underline) - <u>Male</u> Female*
*Age\* - Twenty years old*
*Nationality\* - US*
*Family status (underline) - <u>single</u> married*

USA
Koulutus - opiskelen yliopistossa journalismia kolmatta vuotta
Missä olet työskennellyt aiemmin? - Olen työskennellyt kaksi kuukautta maatilatyöntekijänä.
Mitä kokemusta ja taitoja sinulla on?* - Osaan ajaa autoa ja kuorma-autoa ja osaan käyttää tietokonetta.
Kielitaito* 0 - ei yhtään, 10 - sujuva. espanja - 8, englanti - 10
Ajokortti* (alleviivaa) - Ei <u>Kyllä</u> Luokka: BC, Osaan ajaa kuorma-autoa.
Minkälaista työtä tarvitset*(alleviivaa) - Kokoaikaista <u>Osa-aikaista</u>: 15 tuntia viikossa.
Palkkatoive: 15 dollaria tunnilta

### Henkilötietolomake

*Sinun tulee täyttää tähdellä\* merkityt kentät. Voit jättää muut kentät tyhjäksi.*
Etunimi* - Robert
Toinen nimi
Sukunimi* - Genscher
Sukupuoli (alleviivaa) - <u>mies</u> nainen
Ikä - kaksikymmentäyksi
Kansallisuus* - saksalainen
Siviilisääty (alleviivaa) - <u>naimaton</u> avioliitossa
Osoite* - Huone 218, opiskelija-asuntola, Korkeakoulunkatu 36, San Francisco, USA.
Koulutus - Opiskelen tietokonesuunnittelua toista vuotta yliopistossa.
Missä olet työskennellyt aiemmin? - Olen työskennellyt kaksi kuukautta maatilatyöntekijänä
Mitä kokemusta ja taitoja sinulla on?* - Osaan käyttää tietokonetta
Kielitaito* 0 - ei yhtään, 10 - sujuva. - saksa - 10, englanti - 8
Ajokortti* (alleviivaa) - <u>Ei</u> Kyllä Luokka:
Minkälaista työtä tarvitset* (alleviivaa) - Kokoaikaista <u>Osa- aikaista</u>: 15 tuntia viikossa
Palkkatoive: 15 dollaria tunnilta.

Neiti Solakka vei heidän henkilötietolomakkeensa "San Franciscon uutisten" päätoimittajalle. "Päätoimittaja suostui", neiti Solakka sanoi, kun hän tuli takaisin. "Seuraatte poliisipartiota ja kirjoitatte rapotteja rikososioon. Poliisiauto tulee

Address* - 11 Queen street, San Francisco, USA
Education - I am studying Journalism in the third year at a college
Where have you worked before? - I worked for two months as a farm worker
What experience and skills have you had?* - I can drive a car, a truck and I can use a computer
Languages* 0 - no, 10 - fluently - Spanish - 8, English - 10
Driving license* (underline) - No <u>Yes</u> Kind: BC, I can drive trucks
You need a job* (underline) - Full time <u>Part time:</u> 15 hours a week
You want to earn - 15 dollars per hour

### *Personal information form*

*You must fill up fields with asterisk \*. You can leave other fields blank.*
First name* - Robert
Middle name
Last name* - Genscher
Sex* (underline) - <u>Male</u> Female
Age* - Twenty-one years old
Nationality* - German
Family status (underline) - <u>Single</u> Married
Address* - Room 218, student dorms, College Street 36, San Francisco, the USA.
Education - I study computer design in the second year at a college
Where have you worked before? - I worked for two months as a farm worker
What experience and skills have you had?* - I can use a computer
Languages* 0 - no, 10 - fluently - German - 10, English - 8
Driving license* (underline) - <u>No</u> Yes Kind:
You need a job* (underline) - Full time <u>Part time:</u> 15 hours a week
You want to earn - 15 dollars per hour

*Miss Slim took their personal information forms to the editor of "San Francisco News". "The editor has agreed," Miss Slim said when she came back. "You will accompany a police patrol and then compose reports for the*

huomenna hakemaan teidät kello seitsemäntoista. Olkaa täällä siihen aikaan, olettehan?"
"Toki", Robert vastasi.
"Kyllä, me olemme", David sanoi. "Näkemiin."
"Näkemiin", neiti Solakka sanoi.

*criminal rubric. A police car will come tomorrow at seventeen o'clock to take you. Be here at this time, will you?"*
*"Sure," Robert answered.*
*"Yes, we will," David said. "Goodbye."*
*"Goodbye," Miss Slim answered.*

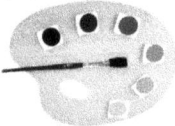

# 27

**Poliisipartio (osa 1)**
*The police patrol (part 1)*

## A

**Sanat**

1. ajaa ylinopeutta - to speed
2. ajoi - drove
3. ase - gun
4. astui, painoi - stepped
5. avain - key
6. avasi - opened
7. hälytys - alarm
8. haukkui - barked
9. hinta - price
10. hitto - damn
11. huusi - cried
12. kaikki, jokainen - everybody
13. kaksitoista - twelve
14. käsiraudat - handcuffs
15. katsoa ympäriinsä - look around
16. kiinnittää - fasten
17. kiirehti - rushed
18. korkea - high
19. kuiva - dry *(adj);* kuivata - to dry
20. lähti liikkeelle - started
21. Mikä on vikana? / Mikä on hätänä? - What is the matter?
22. mikrofoni - microphone
23. näytti - showed
24. nopeus - speed

25. odotti - waited
26. oli - did
27. peloissaan - afraid
28. piiloutui - hid
29. poliisi - officer, policeman
30. rajoitus - limit
31. ryöstö, varkaus - robbery
32. sata - hundred
33. seurasi, oli mukana - accompanied
34. sireeni - siren
35. suljettu - closed
36. takaa-ajo - pursuit
37. tapasi - met
38. turvavyöt - seat belts
39. ulvova - howling
40. varas - thief
41. varkaat - thieves
42. ylikonstaapeli - sergeant
43. ylinopeutta ajanut - speeder
44. ymmärsi - understood
45. yritti - tried

## Poliisipartio (osa 1)

Robert ja David saapuivat sanomalehti "San Franciscon uutisten" rakennukseen kello seitsemäntoista seuraavana päivänä. Poliisiauto oli jo odottamassa heitä. Poliisi tuli ulos autosta. "Hei. Minä olen ylikonstaapeli Frank Tiukka", hän sanoi kun David ja Robert tulivat auton luokse.
"Hei. Mukava tavata. Minun nimeni on Robert. Meidän pitää seurata sinua tänään", Robert vastasi.
"Hei. Minä olen David. Odotitko jo kauan meitä?" David kysyi.
"En. Minä olin juuri saapunut tähän. Menkäämme autoon. Me aloitamme nyt kaupunkipartioinnin", poliisi sanoi. He kaikki menivät poliisiautoon.
"Oletteko te poliisipartion mukana ensimmäistä kertaa?" ylikonstaapeli Tiukka kysyi käynnistäessään moottorin.
"Me emme ole koskaan ennen olleet poliisipartion mukana", David vastasi.
Tällä hetkellä poliisiradio alkoi puhua: "Huomio P11 ja P07! Sininen auto ajaa ylinopeutta Yliopistonkatua pitkin."
"P07 kuittaa", ylikonstaapeli Tiukka sanoi mikrofoniin. Sitten hän sanoi pojille: "Meidän automme numero on P07", Iso, sininen auto kiiruhti heidän ohitse erittäin kovalla nopeudella. Frank Tiukka otti mikin uudelleen ja sanoi: "P07

## The police patrol (part 1)

Robert and David arrived at the building of the newspaper "San Francisco News" at seventeen o'clock next day. The police car was waiting for them already. A policeman got out of the car. "Hello. I am sergeant Frank Strict," he said when David and Robert came to the car.
"Hello. Glad to meet you. My name is Robert. We must accompany you," Robert answered.
"Hello. I am David. Were you waiting long for us?" David asked.
"No. I have just arrived here. Let us get into the car. We begin city patrolling now," the policeman said. They all got into the police car.
"Are you accompanying a police patrol for the first time?" sergeant Strict asked starting the engine.
"We have never accompanied a police patrol before," David answered.
At this moment the police radio began to talk: "Attention P11 and P07! A blue car is speeding along College street."
"P07 got it," sergeant Strict said in the microphone. Then he said to the boys: "The number of our car is P07." A big blue car rushed past them with very high speed. Frank Strict took the mic again and said: "P07 is

puhuu. Minä näen ylinopeutta ajavan sinisen auton. Aloitetaan takaa-ajo." Sitten hän sanoi pojille: "Olkaa hyvä ja kiinnittäkää turvavyönne." Poliisiauto lähti nopeasti liikkeelle. Ylikonstaapeli painoi kaasun pohjaan ja käynnisti sireenin. He kiirehtivät ulvovan sireenin kanssa rakennuksien, autojen ja bussien ohitse. Frank Tiukka pakotti sinisen auton pysähtymään. Ylikonstaapeli nousi autosta ja meni hurjastelijan luokse. David ja Robert menivät hänen perässään.

"Minä olen poliisi Frank Tiukka. Näytä ajokorttisi, ole hyvä", poliisi sanoi ylinopeutta ajaneelle kuljettajalle.

"Tässä on minun ajokorttini", ajaja näytti ajokorttiaan. "Mikä on vikana?" hän kysyi vihaisesti.

"Sinä ajoit kaupungin läpi sadankahdenkymmenen kilometrin tuntinopeudella. Nopeusrajoitus on viisikymmentä", ylikonstaapeli sanoi.

"Aa, tämä. Tiedätkö, minä pesin juuri autoni. Joten minä ajoin vähän lujempaa kuivatakseni sen", mies sanoi ovelasti virnistäen.

"Maksoiko auton peseminen paljon?" poliisi kysyi.

"Ei paljon. Se maksoi kaksitoista dollaria", hurjastelija sanoi.

"Sinä et tiedä hintoja", ylikonstaapeli Tiukka sanoi. "Todellisuudessa se maksoi sinulle kaksisataakaksitoista dollaria, koska sinä joudut maksamaan kaksisataa dollaria auton kuivauksesta. Tässä on sakkolappu. Hyvää päivän jatkoa", poliisi sanoi.

Hän antoi kahdensadan dollarin ylinopeussakon ja ajokortin takaisin hurjastelijalle ja meni takaisin poliisiautoon.

"Frank, minä luulen, että sinulla on paljon kokemusta hurjastelijoista, eikö olekin?"David kysyi poliisilta.

"Minä olen tavannut heitä jo paljon", Frank sanoi käynnistäessään moottoria. "Ensin he näyttävät vihaisilta tiikereiltä tai viekkailta ketuilta. Mutta sen jälkeen, kun minä olen puhunut heidän kanssaan, he näyttävät pelokkailta kissanpennuilta tai typeriltä apinoilta

*speaking. I see the speeding blue car. Begin pursuit," then he said to the boys. "Fasten your seat belts." The police car started quickly. The sergeant stepped on the gas up to the stop and switched on the siren. They rushed with the howling siren past buildings, cars and buses. Frank Strict made the blue car stop. Sergeant got out of the car and went to the speeder. David and Robert went after him.*

*"I am police officer Frank Strict. Show your driving license, please," the policeman said to the speeder.*

*"Here is my driving license," the driver showed his driving license. "What is the matter he said angrily.*

*"You were driving through the city with a speed of one hundred and twenty kilometers an hour. The speed limit is fifty," the sergeant said.*

*"Ah, this. You see, I have just washed my car. So I was driving a little faster to dry it up," the man said with a sly smile.*

*"Does it cost much to wash the car?" the policeman asked.*

*"Not much. It cost twelve dollars," the speeder said.*

*"You do not know the prices," sergeant Strict said. "It really costs you two hundred and twelve dollars because you will pay two hundred dollars for drying the car. Here is the ticket. Have a nice day," the policeman said. He gave a speeding ticket for two hundred dollars and the driving license to the speeder and went back to the police car.*

*"Frank, I think you have lots of experiences with speeders, haven't you?" David asked the policeman.*

*"I have met many of them," Frank said starting the engine. "At first they look like angry tigers or sly foxes. But after I speak with them, they look like afraid kittens or silly monkeys. Like that one in the blue car."*

niin kuin se yksi sinisessä autossa."

Sillä välin pieni, valkoinen auto oli ajamassa hiljaa lähellä kaupungin puistoa olevaa katua pitkin. Auto pysähtyi kaupan lähelle. Mies ja nainen nousivat autosta ja menivät kauppaan. Se oli suljettu. Mies katseli ympäriinsä. Sitten hän otti nopeasti esiin joitain avaimia ja yritti avata oven. Viimein hän avasi sen ja he menivät sisälle.
"Katso! Täällä on niin monta mekkoa!" nainen sanoi. Hän otti esiin ison laukun ja alkoi laittaa sinne kaikkea. Kun laukku oli täynnä, hän vei sen autoon ja tuli takaisin.
"Ota kaikki nopeasti! Ooh! Miten hienohattu!"mies sanoi. Hän otti kaupan ikkunalta ison, mustan hatun ja laittoi sen päälleen.
"Katso tätä punaista mekkoa! Minä pidän siitä niin paljon!" nainen sanoi ja laittoi nopeasti päälleen punaisen mekon. Hänellä ei ollut enempää laukkuja. Sen tähden hän otti lisää tavaroita käsiinsä, juoksi ulos ja pakkasi ne autoon. Sitten hän juoksi sisälle hakeakseen lisää tavaroita.
Poliisiauto P07 oli ajamassa hiljaa kaupungin puistoa myöden, kun radio alkoi puhua:
"Huomio kaikki partiot. Me olemme saaneet varashälytyksen kaupasta lähellä kaupungin puistoa. Kaupan osoite on Puistokatu 72."
"P07 kuittaa", Frank sanoi mikkiin. "Minä olen hyvin lähellä tätä paikkaa. Ajan sinne." He löysivät kaupan hyvin nopeasti ja ajoivat valkoisen auton luokse. Sitten he nousivat autosta ja piiloutuivat sen taakse. Nainen uudessa, punaisessa mekossa juoksi kaupasta ulos. Hän laittoi joitain mekkoja poliisiauton päälle ja juoksi takaisin kauppaan. Nainen teki sen hyvin nopeasti. Hän ei nähnyt, että se oli poliisiauto!
"Hitto vieköön! Minä unohdin aseeni poliisilaitokselle!" Frank sanoi. Robert ja David katsoivat ylikonstaapeli Tiukkaa ja sitten toisiaan yllättyneinä. Poliisi oli niin hämmentynyt, että David ja Robert tajusivat, että heidän pitää auttaa häntä. Nainen juoksi uudestaan kaupasta ulos,

*Meanwhile a little white car was slowly driving along a street not far from the city park. The car stopped near a shop. A man and a woman got out of the car and went up to the shop. It was closed. The man looked around. Then he quickly took out some keys and tried to open the door. At last he opened it and they went inside.*

*"Look! There are so many dresses here!" the woman said. She took out a big bag and began to put in everything there. When the bag was full, she took it to the car and came back.
"Take everything quickly! Oh! What a wonderful hat!" the man said. He took from the shop window a big black hat and put it on.*

*"Look at this red dress! I like it so much!" the woman said and quickly put on the red dress. She did not have more bags. So she took more things in her hands, ran outside and put them on the car. Then she ran inside to bring more things.*

*The police car P07 was slowly driving along the city park when the radio began to talk:
"Attention all patrols. We have got a robbery alarm from a shop near the city park. The address of the shop is 72 Park street."
"P07 got it," Frank said in the mic, "I am very close to this place. Drive there." They found the shop very quickly and drove up to the white car. Then they got out of the car and hid behind it. The woman in new red dress ran out of the shop. She put some dresses on the police car and ran back in the shop. The woman did it very quickly. She did not see that it was a police car!*

*"Damn it! I forgot my gun in the police station!" Frank said. Robert and David looked at the sergeant Strict and then surprised at each other. The policeman was so confused that David and Robert understood they must help him. The woman ran out of the shop again, put some*

laittoi joitain mekkoja poliisiauton päälle ja juoksi takaisin. Silloin David sanoi Frankille: "Me voimme esittää, että meillä on aseet."

"Tehdään niin", Frank vastasi. "Mutta älkää nousko ylös. Varkailla saattaa olla aseet", hän sanoi ja huusi sitten: "Tässä puhuu poliisi! Kaikki, jotka ovat sisällä kaupassa, nostakaa kätenne ylös ja tulkaa kaupasta ulos hitaasti yksitellen!"

He odottivat hetken. Kukaan ei tullut ulos. Sitten Robert sai idean.

"Jos te ette tule ulos, me päästämme poliisikoiran peräänne!" hän huusi ja haukkui kuin iso, vihainen koira. Varkaat juoksivat ulos kädet ylhäällä välittömästi. Frank laittoi heidät nopeasti käsirautoihin ja toi heidät poliisiautoon. Sitten hän sanoi Robertille: "Se oli hyvä idea esittää, että meillä on koira! Tiedätkö, minä olen unohtanut aseeni jo kaksi kertaa. Jos he saavat tietää, että minä unohdin sen kolmannen kerran, he saattavat erottaa minut tai pakottaa minut toimistotöihin. Te ette kerro kellekään siitä, ettehän?"

"Varmasti emme!" Robert sanoi.

"Ei koskaan", David sanoi.

"Kiitos erittäin paljon avustanne, kaverit!" Frank ravisti heidän kättään voimakkaasti.

*dresses on the police car and ran back. Then David said to Frank: "We can pretend that we have guns."*

*"Let's do it," Frank answered, "but you do not get up. The thieves may have guns," he said and then cried. "This is the police speaking! Everybody who is inside the shop put your hands up and come slowly one by one out of the shop!"*

*They waited for a minute. Nobody came out. Then Robert had an idea.*

*"If you will not come out now, we will set the police dog on you!" he cried and then barked like a big angry dog. The thieves ran out with hands up immediately. Frank quickly put handcuffs on them and got them to the police car. Then he said to Robert: "It was a great idea pretending that we have a dog! You see, I have forgotten my gun two times already. If they learn that I have forgotten it for the third time, they may fire me or make me do office work. You will not tell anybody about it, will you?"*

*"Sure, not!" Robert said.*

*"Never," David said.*

*"Thank you very much for helping me, guys!" Frank shook their hands strongly.*

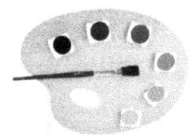

# 28

## Poliisipartio (osa 2)
*The police patrol (part 2)*

### A

**Sanat**

1. ampui - shot
2. Anteeksi. - Excuse me.
3. avasi - opened
4. eilen - yesterday
5. fiksu - clever
6. harvoin - seldom
7. joku - somebody
8. jonka - whose
9. kääntyi - turned
10. kassa - cash register; kassavirkailija - cashier, teller
11. kassakaappi - safe
12. käteinen - cash
13. kimmota - ricochet
14. lasi - glass
15. matkapuhelin - mobile
16. miehet - men
17. minun - mine
18. myöskään - either, too, also
19. näki - saw
20. nappi - button
21. ostoskeskus - shopping center
22. otti - taken
23. painaa - press
24. parhain terveisin - yours sincerely
25. poissa - gone
26. puhelin - phone
27. pyytää anteeksi - excuse
28. ryöstäjä - robber
29. ryöstö - robbery

30. salaisesti, salaa - secretly
31. soittaa (puhelimella) - to phone
32. soitti - rang
33. suojella - protect
34. tajuton - unconscious
35. tasku - pocket
36. tavallinen - usual
37. varasti - stolen
38. vastasi - answered
39. vielä - yet

##  B

### Poliisipartio (osa 2)

Seuraavana päivänä Robert ja David olivat Frankin mukana uudelleen. He olivat seisomassa lähellä isoa ostoskeskusta, kun eräs nainen tuli heidän luokseen.
"Voitteko te auttaa minua, kiitos?" hän kysyi.
"Tottakai, rouva. Mitä on tapahtunut?" Frank kysyi.
"Minun matkapuhelimeni on kadonnut. Minä luulen, että se on varastettu."
"Oletko käyttänyt sitä jo tänään?" poliisi kysyi.
"Minä olen käyttänyt sitä ennen kuin menin ulos ostoskeskuksesta", hän vastasi.
"Mennään sisälle", Frank sanoi. He menivät ostoskeskukseen ja katselivat ympäriinsä. Siellä oli monta ihmistä.
"Kokeillaan vanhaa temppua", Frank sanoi ottaessaan esiin omaa puhelintaan. "Mikä on sinun puhelinnumerosi?" hän kysyi naiselta. Hän kertoi sen hänelle ja Frank soitti hänen puhelinnumeroonsa. Matkapuhelin soi heidän lähellään. He menivät paikkaan, jossa se soi. Siellä oli jono. Mies jonossa katsoi poliisia ja käänsi sitten nopeasti päänsä pois. Poliisi tuli lähemmäs kuunnellen tarkasti. Puhelin soi miehen taskussa.
"Anteeksi," Frank sanoi. Mies katsoi häntä.
"Anteeksi, sinun puhelimesi soi", Frank sanoi.
"Missä?" mies sanoi.
"Täällä, sinun taskussasi", Frank sanoi.
"Ei, se ei soi", mies sanoi.
"Kyllä, se soi", Frank sanoi.
"Se ei ole minun", mies sanoi.
"Kenen puhelin sitten soi sinun taskussasi?" Frank kysyi.
"Minä en tiedä", mies vastasi.

### *The police patrol (part 2)*

*Next day Robert and David were accompanying Frank again. They were standing near a big shopping centre when a woman came to them.
"Can you help me please?" she asked.
"Sure, madam. What has happened?" Frank asked.
"My mobile phone is gone. I think it has been stolen."
"Has it been used today?" the policeman asked.
"It had been used by me before I went out of the shopping centre," she answered.
"Let's get inside," Frank said. They went into the shopping centre and looked around. There were many people there.
"Let's try an old trick," Frank said taking out his own phone. "What is your telephone number?" he asked the woman. She said and he called her telephone number. A mobile telephone rang not far from them. They went to the place where it was ringing. There was a queue there. A man in the queue looked at the policeman and then quickly turned his head away. The policeman came closer listening carefully. The telephone was ringing in the man's pocket.
"Excuse me," Frank said. The man looked at him.
"Excuse me, your telephone is ringing," Frank said.
"Where?" the man said.
"Here, in your pocket," Frank said.
"No, it is not," the man said.
"Yes, it is," Frank said
"It is not mine," the man said.
"Then whose telephone is ringing in your*

"Ole hyvä ja näytä sitä minulle", Frank sanoi ja otti puhelimen ulos miehen taskusta.
"Voi, se on minun!" nainen huusi.
"Tässä, ottakaa puhelimenne, rouva", Frank sanoi antaessaan sen hänelle.
"Saanko minä, herra?" Frank kysyi ja laittoi kätensä miehen taskuun uudelleen. Hän otti ulos toisen puhelimen, ja sitten vielä yhden.
"Eivätkö nämä myöskään ole sinun?" Frank kysyi mieheltä.
Mies ravisti päätään katsoen pois.
"Miten outoja puhelimia!" Frank huusi. "Ne karkasivat omistajiltaan ja hyppäsivät tämän miehen taskuun! Ja nyt ne soivat hänen taskuissaan, eivätkö soikin?"
"Kyllä, ne soivat", mies sanoi.
"Tiedätkö, minun työni on suojella ihmisiä. Ja minä suojelen sinua heiltä. Mene autooni ja minä vien sinut paikkaan, jossa puhelimet eivät voi hypätä sinun taskuusi. Me menemme poliisilaitokselle", poliisi sanoi. Sitten hän otti miestä käsivarresta kiinni ja vei hänet poliisiautolle.
"Minä pidän typeristä rikollisista", Frank Tiukka hymyili sen jälkeen, kun he olivat vieneet varkaan poliisilaitokselle.
"Oletko sinä vielä tavannut fiksuja rikollisia?" David kysyi.
"Kyllä, minä olen. Mutta hyvin harvoin", poliisi vastasi. "Koska on hyvin vaikeaa saada kiinni fiksu rikollinen."

Sillä välin kaksi miestä tulivat Pikapankkiin. Toinen heistä otti paikan jonossa. Toinen tuli kassan luokse ja antoi paperin kassavirkailijalle. Kassavirkailija otti paperin ja luki:
"Hyvä herra,
tämä on Pikapankin ryöstö. Anna minulle kaikki käteinen. Jos et anna, niin minä käytän sitten asettani. Kiitos.
Parhain terveisin,
Bob"
"Minä luulen, että minä voin auttaa sinua", kassavirkailija sanoi painaen salaa hälytysnappia. "Mutta lukitsin eilen rahat kassakaappiin. Kassakaappia ei ole vielä avattu.

*pocket?" Frank asked.*
*"I do not know," the man answered.*
*"Let me see, please," Frank said and took the telephone out of the man's pocket.*
*"Oh, it is mine!" the woman cried.*
*"Take your telephone, madam," Frank said giving it to her.*
*"May I, sir?" Frank asked and put his hand in the man's pocket again. He took out another telephone, and then one more.*
*"Are they not yours either?" Frank asked the man.*
*The man shook his head looking away.*
*"What strange telephones!" Frank cried. "They ran away from their owners and jump into the pockets of this man! And now they are ringing in his pockets, aren't they?"*
*"Yes, they are," the man said.*
*"You know, my job is to protect people. And I will protect you from them. Get in my car and I will bring you to the place where no telephone can jump in your pocket. We go to the police station," the policeman said. Then he took the man by the arm and took him to the police car.*
*"I like silly criminals," Frank Strict smiled after they had taken the thief to the police station.*
*"Have you met smart ones?" David asked.*
*"Yes, I have. But very seldom," the policeman answered, "because it is very hard to catch a smart criminal."*

*Meanwhile two men came into the Express Bank. One of them took a place in a queue. Another one came up to the cash register and gave a paper to the cashier. The cashier took the paper and read:*
*"Dear Sir,*
*this is a robbery of the Express Bank. Give me all the cash. If you do not, then I will use my gun. Thank you.*
*Sincerely yours,*
*Bob"*
*"I think I can help you," the cashier said pressing secretly the alarm button, "but the money had been locked by me in the safe yesterday. The safe has not been opened yet. I*

Minä pyydän jotakuta avaamaan kassakaapin ja tuomaan rahat. Okei?"
"Okei! Mutta tee se nopeasti!" ryöstäjä vastasi.
"Tekisinkö minä sinulle kupin kahvia sillä välin kun rahat laitetaan laukkuihin?" kassavirkailija kysyi.
"Ei kiitos. Vain rahat", ryöstäjä vastasi.

Radio poliisiauto P07:ssä alkoi puhua: "Huomio kaikki partiot. Me olemme saaneet ryöstöhälytyksen Pikapankista."
"P07 kuittaa", ylikonstaapeli Tiukka vastasi. Hän painoi kaasun pohjaan ja auto lähti nopeasti liikkeelle. Kun he saapuivat pankille, siellä ei ollut vielä toista poliisiautoa.
"Me saamme mielenkiintoisen raportin, jos menemme sisään", David sanoi.
"Te kaverit tehkää, mitä teidän pitää. Ja minä tulen sisälle takaovesta", ylikonstaapeli Tiukka sanoi. Hän otti esiin aseensa ja meni nopeasti pankin takaovelle. David ja Robert tulivat pankkiin pääovesta. He näkivät miehen seisomassa kassan lähellä. Hänen toinen kätensä oli hänen taskussaan ja hän katseli ympäriinsä. Mies, joka tuli hänen kanssaan, astui pois jonosta ja tuli hänen luokseen.
"Missä rahat ovat?" hän kysyi Bobilta.
"Roger, kassavirkailija sanoi, että ne laitetaan laukkuihin", toinen ryöstäjä vastasi.
"Minä olen kyllästynyt odottamaan!" Roger sanoi. Hän otti aseensa esiin ja osoitti sillä kassavirkailijaa. "Tuo kaikki rahat nyt!" hän kirkui kassavirkailijalle. Sitten hän meni huoneen keskelle ja huusi: "Kuunnelkaa kaikki! Tämä on ryöstö! Kukaan ei liiku!" Tällä hetkellä joku liikkui kassan luona. Ryöstäjä aseen kanssa ampui häntä katsomatta. Toinen ryöstäjä kaatui lattialle ja huusi: "Roger! Sinä täysidiootti! Hitto vieköön! Sinä ammuit minua!"
"Ai, Bobby! Minä en nähnyt, että se olit sinä!" Roger sanoi. Tällä hetkellä kassavirkailija juoksi ulos nopeasti.
"Kassavirkailija karkasi ja rahoja ei ole vielä tuotu tänne!" Roger huusi Bobille. "Poliisi saattaa saapua pian! Mitä meidän pitää tehdä?"
"Ota jotain isoa, riko lasi ja ota rahat! Nopeasti!"

*will ask somebody to open the safe and bring the money. Okay?"*
*"Okay! But do it quickly!" the robber answered.*
*"Shall I make you a cup of coffee while the money is being put in bags?" the cashier asked.*
*"No, thank you. Just money," the robber answered.*

*The radio in the police car P07 began to talk: "Attention all the patrols. We have got a robbery alarm from the Express Bank."*
*"P07 got it," sergeant Strict answered. He stepped on the gas up to the stop and the car started quickly. When they drove up to the bank, there was no other police car yet.*
*"We will make an interesting report if we go inside," David said.*
*"You guys do what you need. And I will come inside through the back door," sergeant Strict said. He took out his gun and went quickly to the back door of the bank. David and Robert came into the bank through the central door. They saw a man standing near the cash register. He put one hand in his pocket and looked around. The man, who came with him, stepped away from the queue and came up to him.*
*"Where is the money?" he asked Bob.*
*"Roger, the cashier has said that it is being put in bags," another robber answered.*
*"I am tired of waiting!" Roger said. He took out a gun and pointed it to the cashier. "Bring all the money now!" the robber cried at the cashier. Then he went to the middle of the room and cried: "Listen all! This is a robbery! Nobody move!" At this moment somebody near the cash register moved. The robber with the gun without looking shot at him. Another robber fell on the floor and cried: "Roger! You idiot! Damn it! You have shot me!"*
*"Oh, Bobby! I did not see that it was you!" Roger said. At this moment the cashier quickly ran out.*
*"The cashier has run away and the money has not been taken here yet!" Roger cried to Bob. "The police may arrive soon! What shall we do?"*

Bob huusi. Roger otti metallisen tuolin ja löi kassan lasia. Se ei tietenkään ollut tavallista lasia eikä se hajonnut. Mutta tuoli kimposi takaisin ja osui ryöstäjää päähän! Hän kaatui lattialle tajuttomana. Tällä hetkellä ylikonstaapeli Tiukka juoksi sisälle ja laittoi nopeasti käsiraudat ryöstäjille. Hän kääntyi Davidin ja Robertin puoleen.
"Minähän sanoin! Useimmat rikolliset ovat vain typeriä!" hän sanoi.

"Take something big, break the glass and take the money. Quickly!" Bob cried. Roger took a metal chair and hit the glass of the cash register. It was of course not usual glass and it did not break. But the chair went back by ricochet and hit the robber on the head! He fell on the floor unconsciously. At this moment sergeant Strict ran inside and quickly put handcuffs on the robbers. He turned to David and Robert.
"I did say! Most criminals are just silly!" he said.

# 29

## Koulu ulkomaalaisille opiskelijoille (KUO) ja au paireille
*School for Foreign Students (SFS) and au pair*

### A

**Sanat**

1. asui - lived
2. epäreilu - unfair
3. henkilö - person
4. internetsivu - Internet site
5. isäntä - host
6. isäntäperhe - the host family
7. kaksi kertaa - twice
8. kerran - once
9. kilpailu - competition
10. kirje - letter
11. kirjoitti - wrote
12. koska - as, since *(kausal)*
13. kurssi - course
14. kylä - village
15. lähetti - sent
16. lähin - nearest
17. liittyä - join
18. maa - country
19. mahdollisuus - possibility
20. maksaa - pay
21. maksoi - paid
22. meni - passed
23. muutos - change; muuttaa - to change
24. myös - also

25. ongelma - problem
26. oppiminen - learning
27. osallistuja - participant
28. päivämäärä - date
29. palvelija - servant
30. Pohjois-Amerikka ja Euraasia - North America and Eurasia
31. sähköposti - e-mail
32. siitä lähtien - since *(temporal)*
33. soittivat - called
34. sopimus - agreement
35. standardi - standard
36. toivo - hope; toivoa - to hope
37. tytär - daughter
38. valita - choose
39. valitsi - chose
40. vanhin - elder
41. vieraili - visited
42. Yhdysvallat, USA - the United States / the USA

 **B**

## Koulu ulkomaalaisille opiskelijoille (KUO) ja au paireille

Robertin sisko, veli ja vanhemmat asuivat Saksassa. He asuivat Hannoverissa. Siskon nimi oli Gabi. Hän oli kaksikymmentävuotias. Hän oli oppinut englantia siitä lähtien, kun hän oli yksitoistavuotias. Kun Gabi oli viisitoistavuotias, hän halusi osallistua KUO-ohjelmaan. KUO antaa mahdollisuuden muutamille euraasialaisille lukiolaisille viettää vuoden USA:ssa, asua isäntäperheen kanssa ja opiskella amerikkalaisessa koulussa. Ohjelma on ilmainen. KUO maksaa lentoliput, asumisen perheen kanssa, ruoan ja opiskelun amerikkalaisessa koulussa. Mutta saadessaan ilmoituksen kilpailupäivämäärästä internetsivulta, kilpailupäivämäärä oli jo mennyt.
Sitten hän sai selville au pair-ohjelmasta. Tämä ohjelma antaa siihen osallistuville mahdollisuuden viettää vuoden tai kaksi toisessa maassa asuen isäntäperheen kanssa, katsoen lapsien perään ja opiskellen kielikurssilla. Koska Robert oli juuri opiskelemassa San Franciscossa, Gabi kirjoitti hänelle sähköpostin. Hän pyysi Robertia etsimään hänelle isäntäperheen USA:sta. Robert katseli joitain sanomalehtiä ja internetsivujen ilmoituksia. Hän löysi joitain isänperheitä USA:sta sivulta http://www.aupair-world.net/. Sitten Robert vieraili au pair-

## *School for Foreigner Students (SFS) and au pair*

*Robert's sister, brother and parents lived in Germany. They lived in Hannover. The sister's name was Gabi. She was twenty years old. She had learned English since she was eleven years old. When Gabi was fifteen years old, she wanted to take part in the program SFS. SFS gives the possibility for some high school students from Eurasia to spend a year in the USA, living with a host family and studying in an American school. The program is free. Airplane tickets, living with a family, food, studying at American school are paid by SFS. But by the time when she got the information about the competition date from the Internet site, the competition day had passed.*
*Then she learned about the program de au pair. This program gives its participants the possibility to spend a year or two in another country living with a host family, looking after children and learning at a language course. Since Robert was studying in San Francisco, Gabi wrote him an e-mail. She asked him to find a host family for her in the USA. Robert looked through some newspapers and Internet sites with adverts. He found some host families from the USA on http://www.aupair-world.net/. Then Robert visited an au pair agency in San*

toimistossa San Franciscossa. Häntä konsultoi nainen. Hänen nimensä oli Alice Auringonkukka.

"Minun siskoni on Saksasta. Hän haluaisi työskennellä au pairina amerikkalaisessa perheessä. Voitko auttaa minua tässä ongelmassa?" Robert kysyi Alicelta.

"Tietenkin, minä autan sinua mielelläni. Me voimme sijoittaa au paireja perheisiin joka puolelle USA:ata. Au pair on henkilö, joka liittyy isäntäperheeseen auttaakseen talossaa ja katsoo lasten perään. Isäntäperhe antaa au pairille ruokaa, huoneen ja taskurahaa. Taskuraha saattaa olla 200:sta 600:aan dollaria. Isäntäperheen pitää maksaa myös kielikurssi au pairille", Alice sanoi.

"Onko hyviä ja huonoja perheitä?" Robert kysyi.

"Perheen valitsemisessa on kaksi ongelmaa. Ensiksi, useat perheet luulevat, että au pair on palvelija, jonka pitää tehdä talossa kaikki, sisältäen kokkauksen perheen jäsenille, siivoamisen, pesemisen, puutarhatyöt jne. Mutta au pair ei ole palvelija. Au pair on kuin perheen vanhin tytär tai poika, joka auttaa vanhempiaan nuorempien lasten kanssa. Suojellakseen oikeuksiaan au pairien pitää tehdä sopimus isäntäperheen kanssa. Älä usko, kun jotkut au pair-toimistot tai isäntäperheet sanovat, että he käyttävät "standardi" sopimusta. Ei ole standardisopimusta. Au pair voi muuttaa mitä sopimuksen kohtaa tahansa, jos se on epäreilu. Kaikki, mitä au pair ja isäntäperhe tekevät, pitää olla kirjoitettuna sopimukseen.

Toinen ongelma on tämä: jotkut perheet asuvat pienissä kylissä, joissa ei ole kielikursseja ja vain muutamia paikkoja, joihin au pair voi mennä vapaa-ajalla. Tässä tapauksessa on tärkeää sisällyttää sopimukseen, että isäntäperheen pitää maksaa kaksisuuntaiset liput lähimpään isoon kaupunkiin, silloin, kun au pair menee sinne. Se voi olla kerran tai kahdesti viikossa."

"Ymmärrän. Siskoni haluaisi perheen San Franciscosta. Voitko sinä etsiä hyvän perheen tästä kaupungista?" Robert kysyi.

"No, San Franciscosta on nyt noin kaksikymmentä perhettä", Alice vastasi. Hän soitti joillekin heistä. Isäntäperheet ottaisivat mielellään au pairin Saksasta. Useimmat

Francisco. He was consulted by a woman. Her name was Alice Sunflower.

"My sister is from Germany. She would like to be an au pair with an American family. Can you help on this matter?" Robert asked Alice.

"I will be glad to help you. We place au pairs with families all over the USA. An au pair is a person who joins a host family to help around the house and look after children. The host family gives the au pair food, a room and pocket money. Pocket money may be from 200 to 600 dollars. The host family must pay for a language course for the au pair as well," Alice said.

"Are there good and bad families?" Robert asked.

"There are two problems about choosing a family. First some families think that an au pair is a servant who must do everything in the house including cooking for all family members, cleaning, washing, working in the garden etc. But an au pair is not a servant. An au pair is like an elder daughter or son of the family who helps parents with younger children. To protect their rights au pairs must work out an agreement with the host family. Do not believe it when some au pair agencies or host families say that they use a "standard" agreement. There is no standard agreement. The au pair can change any part of the agreement if it is unfair. Everything that an au pair and host family will do must be written in an agreement.

The second problem is this: Some families live in small villages where there are no language courses and few places where an au pair can go in free time. In this situation it is necessary to include in the agreement that the host family must pay for two way tickets to the nearest big town when the au pair goes there. It may be once or twice a week."

"I see. My sister would like a family from San Francisco. Can you find a good family in this city?" Robert asked.

"Well, there are about twenty families from San Francisco now," Alice answered. She telephoned some of them. The host families were glad to have an au pair from Germany. Most of perheistä halusivat saada kirjeen Gabin valokuvan kanssa. Jotkut heistä halusivat myös soittaa hänelle varmistaakseen, että hän osaa puhua edes vähän englantia. Niinpä Robert antoi heille hänen puhelinnumeronsa.

Jotkut isäntäperheistä soittivat Gabille. Sitten hän lähetti heille kirjeitä. Viimein hän valitsi sopivan perheen ja teki Alicen avulla sopimuksen heidän kanssaan. Perhe maksoi lipun Saksasta USA:han. Viimein Gabi lähti USA:han täynnä toiveita ja unelmia.

*the families wanted to get a letter with a photograph from Gabi. Some of them also wanted to telephone her to be sure that she can speak English a little. So Robert gave them her telephone number.*

*Some host families called Gabi. Then she sent them letters. At last she chose a suitable family and with the help of Alice worked out an agreement with them. The family paid for the ticket from Germany to the USA. At last Gabi started for the USA full of hopes and dreams.*

# Finnish-English dictionary

aalto - wave
aamiainen, aamupala; syödä aamiaista - breakfast; have breakfast
aamu - morning
ääneen - aloud
äänetön, äänettömästi / hiljaa - silent, silently
ääni - voice
Ai! - Oh!
äidinkieli - native language
aika - time
aikakauslehti - magazine
aikoa - will
aina - always
äiti - mom, mother
ajaa - drive
ajaa pyörällä - go by bike, ride a bike
ajaa ylinopeutta - to speed
ajaja, kuljettaja - driver
ajatella - think
ajatteleva, ajatellen - thinking
ajoi - drove
ajokortti - driving license
Älä huolehdi! - Do not worry!
alas - down
alla - under
alleviivata - underline
aloittaa, alkaa - begin, start
aloitti, alkoi - began
älyllinen, luovuutta ja ajattelua vaativa työ (mental work in Finland mostly means physically light work; kevyt työ) - mental work
amerikkalainen - American
ammatti - profession
ampui - shot
ansaita, tienata - earn; Minä tienaan 10 dollaria tunnissa. - I earn 10 dollars per hour.
antaa, sallia - let, give, hand
Anteeksi. - Excuse me.
antoi - gave
apina - monkey
apteekki - pharmacy
apu; auttaa - help; to help
apulainen - helper
arkki - sheet (of paper)
arvioi - estimated
arvioida - estimate
ase - gun
asema - position
asettaa, laittaa; paikka - place
asia, esine, "juttu" - thing
asiakas - customer
askel; talloa, astua - step; to step
aspiriini - aspirin
astua, painaa - step
astui, painoi - stepped
asui - lived
asuva - living
auto - car
avain - key
avaruus - space
avaruusalus - spaceship
avaruusolio - alien
avasi - opened
avata, auki - open
biljoona - billion
bussi, linja-auto; mennä bussilla / mennä linja-autolla - bus; go by bus
CD - CD
CD-soitin - CD player
Davidin kirja - David's book
DVD - DVD
edemmäs, kauemmas - further
ei - no, not
ei koskaan - never
ei kukaan - nobody
ei mitään - nothing
ei täydy, ei pidä, ei kuulu, ei tarvitse, ei saa - must not
eilen - yesterday
elää, asua - live
eläin - animal
eläinlääkäri - vet
eläintarha - zoo

elämä, henki - life
elokuva - film
energia - energy
ennen - before
ensimmäiseksi - at first
epäreilu - unfair
erilainen - different
erottaa - fire
esimerkiksi - for example
esimerkki - example
esittää, teeskennellä - pretend
espanjalainen, espanjankielinen - Spanish
että; Tiedän, että tämä kirja on mielenkiintoinen. - that; I know that this book is interesting.
etupuoli, etu- - front
eturenkaat - front wheels
fiksu, nokkela, älykäs, viisas - clever, smart
fyysinen työ, ruumiillinen työ - manual work
häiritä - bother
haiseva - stinking
hakea - apply
hallinta, valvonta - control
halusi - wanted
haluta, tahtoa - want
hälytys - alarm
hämmentynyt - confused
hän - he, she
hänen kirjansa - her
hänen sänkynsä - his; his bed
häntä - him, tail
harmaa - grey
harmaahiuksinen - grey-headed
harvoin - seldom
hattu - hat
haukkui - barked
hauska - funny
hauskuus - fun
hävettää - be ashamed; häntä hävettää - he is ashamed
he, ne - they
Hei! - Hey!
hei, hei sitten, hei vaan, "heippa" - bye; hei, moi, terve - hello

heidän, niiden - their
hengenpelastustemppu - life-saving trick
henkilö - person
henkilökohtainen - personal
henkilöstöosasto - personnel department
herra, hra - mister, Mr.
hetki - moment
hiekka - sand
hieno, hyvä - fine
hieroa - rub
hiljaa, hitaasti - quietly, slowly
hinta - price
hissi - lift
hitto - damn
hiukset (pl.) - hair
hotelli - hotel
hotellit - hotels
housut (pl.) - trousers
huolehtia - worry
huolehtia jostakin - care
huolellinen - careful
huominen, huomenna - tomorrow
huomio - attention
huone - room
huoneet - rooms
huonekalu - furniture
huono, paha - bad
huusi - cried
huutaa, kutsua, soittaa (puhelimella) - call; puhelinkeskus - call centre
hymy - smile
hymyili - smiled
hymyillä - to smile
hypätä; hyppy - jump
hyttynen - mosquito
hyvä (adj.), hyvin (adv.) - good, well
hyvin, erittäin - very
idea, ajatus - idea
ihminen - human
ihmiset - people
ikä - age
ikkuna - window
ikkunat - windows
ilma - air

ilman - without; ilman sanoja, sanomatta sanaakaan - without a word
ilmoittaa, kertoa, informoida, tiedottaa - inform
ilmoitti - informed
iloinen, onnellinen - glad, happy
ilta - evening
insinööri - engineer
internetsivu - Internet site
isä - dad
isäntä - host
isäntäperhe - the host family
isi - daddy
iso, suuri - big
isompi - bigger
istua - sit; istua alas - sit down
istuin, paikka - seat; istua paikalle - take a seat
itkeä, kiljahtaa, huutaa - cry
ja - and
jäätelö - ice-cream
jähmettyä - freeze
jalka - foot, leg
jalkaisin - on foot
jälkeen - after
jarru - brake
jarruttaa - to brake
järvi - lake
jäsen - member
jatkaa - continue; jatkaa katsomista - continue to watch
jatkuu - be continued
jatkuva - constant
jättää, jätti - leave
jne. - etc.
jo - already
johtaja - leader
joitain, joitakin, muutama, muutamia - some
joka - which; joka, jokainen - every; joka, kuka - who
joku - somebody
jompikumpi teistä - either of you
jonka - whose
jonkin sijasta / jonkin sijaan - instead of
(jonkun) kanssa - with
jonnekin - into
jono - queue
jos - if
joskus, toisinaan - sometimes
jotain, jotakin - something
jotakin, jotain / jotakuta varten; -lle - for, anything
joten - so
juna - train
juoda - drink
juosta, hölkätä, lenkkeillä - run
-kaamme, -käämme - let us
kääntää - turn
kääntäjä - translator
kääntyi - turned
kaapeli - cable
kaasu - gas
kaataa - pour
kadut - streets
kahdeksan - eight
kahdeksas - eighth
kahvi - coffee
kahvila - café
kaikki, jokainen - all, everything, everybody
kaksi - two; kaksi kertaa - twice
kaksikymmentä - twenty
kaksikymmentäviisi - twenty-five
kaksikymmentäyksi - twenty-one
kaksitoista - twelve
kalpea - pale
Kanada - Canada
kanadalainen - Canadian
kansallisuus, kansalaisuus - nationality
kapteeni - captain
karata - run away
kartta - map
käsiraudat - handcuffs
käsivarsi - arm
käskeä - order
kassa - cash register; kassavirkailija - cashier, teller
kassakaappi - safe
kasvot (pl.) - face

käteinen - cash
katsoa - look; katsoa ympäriinsä - look around
katsoi - looked
katto - roof
katu - street
kaukana - far
kaunis - beautiful
kaupat - shops
kauppa - shop
kaupunki - city, town
kausi, vuodenaika - season
kävelevä, kävellen - walking
kävellä - walk
kaveri - guy
käynnisti - switched on
käyttää - use
kehittää - develop
keinua - pitch
keittiö - kitchen
kello - o'clock, watch; kello yhdeltä - at one o'clock; Kello on kaksi. - It is two o'clock.
kellua - float
kelluminen - floating
keltainen - yellow
kemia - chemistry
kemikaalinen - chemical
kemikaalit - chemicals
kenguru - kangaroo
kenttä - field
kerho - club
kerran - once
kertoa, sanoa - tell, say
keskus-, pää- - central
keskusta; kaupungin keskusta - centre; city centre
kestää; Elokuva kestää yli kolme tuntia. - last, take; The movie lasts more than three hours.
kevyesti - slightly
kieli - language
kieltäytyä - refuse
kiinnittää - fasten
kiinnittää huomiota johonkin, huomioida jotakin - pay attention to
kiirehti - rushed

kiittää - thank; kiitoksia, kiitos, kiitti - thank you, thanks
kilometri - kilometer
kilpailu - competition
kimmota - ricochet
kirja - book
kirjahylly - bookcase
kirje - letter
kirjoittaa - write
kirjoittaja, kirjailija - writer
kirjoitti - wrote
kissa - cat
kissanpentu, kissanpoikanen - kitten
kisumirri - pussycat
kivi - stone
koe - test
koira - dog
kokeilla - try; kokeilla, testata - to test
kokemus - experience
kokkaava, kokaten - cooking
kollega, työtoveri, työkaveri - colleague
kolmas - third
kolme - three
kolmekymmentä - thirty
kone - machine
konsultoida, neuvoa - consult
konsultointi - consultancy
koordinaatio - co-ordination
korkea - high
korkeakoulu, yliopisto - college
korva - ear
koska, lähtien - as, since, because, since
koti; mennä kotiin - home; go home
koulu - school
kouluttaa - train; koulutettu - trained
koulutus - education
kristalli, kide - crystal
kuin - than; George on vanhempi kuin Linda. - George is older than Linda.
kuinka - how
kuiva - dry *(adj)*; kuivata - to dry
kukka - flower
kuljetus - transport
kulkea - running

kulku, virtaus - flow
kuluttaa, käyttää - spend
kumi-, kuminen - rubber
kunnes - until
kuntouttaa - rehabilitate
kuntoutus - rehabilitation
kuoli - died
kuolla - die
kuorma-auto - truck
kuppi - cup
kurssi - course
kustannus- - publishing
kuten - as
kuudes - sixth
kuuli - heard
kuunnella tarkasti / tarkkaan - listen carefully
kuunnella; Minä kuuntelen musiikkia. - listen; I listen to music.
kuusi - six
kuusikymmentä - sixty
kuva - picture
kylä - village
kyllä - yes
kylmä - cold
kylmyys - coldness
kylpyhuone; kylpyamme - bathroom; bath
kylpyhuoneen pöytä - bathroom table
kymmenen - ten
kymmenes - tenth
kynä - pen
kynät - pens
kyselylomake - questionnaire
kysyä, pyytää - ask
kysyi - asked
lääkäri - doctor
lääketieteellinen - medical
laatia, kirjoittaa - compose
laatikko - box
läheisyys - nearness
lähellä - close; lähellä - near, nearby, next
lähempänä - closer
lähetti - sent
lähin - nearest
lahja - gift

lähteä - go away
lähti liikkeelle - started
laittaa päälle - turn on
laiva - ship
laji, tyyppi - kind, type
läksy, harjoitus - lesson; läksy, kotitehtävä - homework
lämmittää - warm up
lämpö - warm
läpäistä koe - to pass a test
läpi - through
lapset - children
lapsi - child
laser - laser
lasi - glass
laskeutua - land
laskuvarjo - parachute
laskuvarjohyppääjä - parachutist
lastata - load
lastatat - load; lastaaja, kuormaaja - loader
lattia - floor
lauantai - Saturday
laukku - bag
laulaa - sing; laulaja - singer
lause - phrase
lautanen (kuppi, kippo) - plate
leijona - lion
leikkiä, pelata, soittaa - play
leikkiminen - playing
leipä - bread
lelu - toy
lemmikki - pet
lempi-, mieli-, suosikki- - favourite
lempielokuva, mielielokuva, suosikkielokuva - favourite film
lensi pois - flew away
lentokone - airplane
lentonäytös - airshow
levittää - spread
liesi, hella - cooker
liian, liikaa, myös - too
liikkui - moved
liittyä - join
likainen - dirty

lintu - bird
lippu - ticket
lisää, enemmän - more
lista - list
-lla/-llä, olla jonkin päällä - on
-lle, jollekin, jotakin varten - for
loistava - wonderful
lomake, kaavake - form
lopetettu - finished
lopetti - stopped
loppu - finish; lopettaa, päättää - to finish
löytää, etsiä - find
löytyi - found
luja / kova (adj.), lujasti / kovasti (adv.) - strong, strongly
lukea - read
lukien, lukeva - reading
luokka - class
luokkahuone - classroom
luonto - nature
luova - creative
lyhyt - short
lyödä, iskeä - hit, beat
maa - country, maa - earth
maailma - world
maanantai - Monday
maanviljelijä - farmer
maatila - farm
mahdollinen - possible; mahdollisuus - possibility
mahdollisuus, tilaisuus - chance
mahtava - great
mainos, ilmoitus - advert, ad
maksaa, olla hinta - pay, cost
maksoi - paid
märkä - wet
matkapuhelin - mobile
matkustaa - travel
maukas, herkullinen - tasty
me - we
meidän - our
meitä - us
melko - quite
menettää - loose

meni - passed
meni pois - went
mennä; Minä menen pankkiin. - go; I go to the bank.
merenranta - seashore
meri - sea
metalli - metal
metri - meter
miehet - men
miekkavalas - killer whale
mielenkiintoinen - interesting
mies, ihminen, miespuolinen - man, male
Mikä on vikana? / Mikä on hätänä? - What is the matter?
Mikä pöytä? - What table?
mikrofoni - microphone
milloin, kun - when
minä - I
minua - me
minun - mine, my
minuutti - minute
missä - where
mitä, mikä - what; Mitä / Mikä tämä on? - What is this?
mitään - any
moi, hei - hi
monitaitoinen - all-round
monta - many
moottori - engine
muisti - remembered
muistiinpano, kirjelappu, muistio - note
mukava, kiva - nice
musiikki - music
musta - black
mutta - but
muu, muut - else, other
muutama; joitakin, muutamia - a few
muuten - by the way
muutos - change; muuttaa - to change
myös - also
myöskään - either, too, also
mysteeri - mystery
myydä - sell
myyjä - shop assistant

naapuri - neighbour
nähdä - see
naimaton - single
nainen, naispuolinen - woman, female
näkemiin - goodbye
näki - saw
nälkäinen - hungry; Minulla on nälkä. / Olen nälkäinen. - I am hungry.
nämä - these
napata, ottaa kiinni - catch
näppäimistö - keyboard
nappi - button
nauhoittaa - record
nauraa - laugh
nauttia - enjoy
näyttää - show
näytti - showed
neiti - Miss
neljä - four
neljäkymmentäneljä - forty-four
neljäs - fourth
nenä - nose
neuvoja - consultant
nielaista - swallow
niin usein kuin mahdollista - as often as possible
nimi; nimittää - name; nennen
noin - about
nopea, nopeasti - quick, quickly
nopeus - speed
nousta ylös - get up; Nouse ylös! - Get up!
nukke - doll
nukkua - sleep, sleeping
numero - number
nuo - those
nuori - young
nyt - now
odottaa - wait
odotti - waited
ohi - past
ohjata - steer
ohjelma - program
ohjelmoija - programmer

oikea - real, right; correct, correctly; korjata - to correct
oikeasti, todella - really
ok, selvä, selvä juttu, selvän teki - OK, well
okei, ok, selvä - okay, well
ole hyvä, olkaa hyvä (olisitko ystävällinen) - please
oli, omisti - did, had, was
olivat - were
öljy - oil
olla - be
olla jossain - at
olla pahoillaan - be sorry; Olen pahoillani. - I am sorry.
olla samaa mieltä, olla yhtä mieltä - agree
oma - own
omistaja - owner
on, olla, omistaa; Hänellä on kirja. - have; he/she/it has; He has a book.
ongelma - problem
onnellisuus - happiness
onnettomuus, vahinko - accident
opettaa - teach
opettaja - teacher
opiskelija - student
opiskelija-asuntola - dorms
opiskelijat - students
opiskella - study
oppi - learned about
oppia - learn
oppikirja - textbook
oppiminen - learning
osa - part
osallistua - take part
osallistuja - participant
osoite - address
osoitti - pointed
ostaa - buy
ostoskeskus - shopping center
otsikko - rubric
ottaa - take
otti, vei - taken, took
outo - strange
ovela, ovelasti - sly, slyly

ovi - door
pää - head; suunnata, mennä - to head, to go
päästä (jonnekin) - get (somewhere)
päätoimittaja - editor
painaa - press
päivä - day; päivittäin - daily
päiväkoti - kindergarten
päivämäärä - date
paljon - lot, much
palvelija - servant
palvella - serve
paniikki - panic; panikoida - to panic
pankki - bank
paperi - paper
parempi - better
parhain terveisin - yours sincerely
parka, raukka - poor
partio - patrol
patja - mattress
pelastaa - rescue, save
pelastuspalvelu - rescue service
peloissaan - afraid
pelto - field
pentu - puppy
perhe - family
pestä - wash
pesty - cleaned
pian - soon
pieni - little, small
piha - yard
pihalla, ulkona - outdoors
piiloleikki - hide-and-seek
piiloutua, piileskellä - hide
piiloutui - hid
piippaus - beep
pilleri, tabletti - pill
pilotti - pilot
pimeä - dark
pitää, tykätä - like; Minä pidän siitä. - I like that.
pitkä - long
pitkin, myöten - along
planeetta - planet

Pohjois-Amerikka ja Euraasia - North America and Eurasia
poika - boy, son
poikaystävä - boyfriend
pois - away
pois(sa) käytöstä - out of order
poissa - gone
poistua - get off
poliisi - officer, policeman, police
(polku)pyörä - bike
portaat, rappuset - stairs
pöydät - tables
pöytä - table
pudonnut - fallen
pudota, kaatua - fall, to fall
pudoten, putoava - falling
pudotus - fall
puhdas - clean
puhe - speech
puhelimen luuri - phone handset
puhelin - phone, telefone; soittaa (puhelimella) - to telephone
puhelinvastaaja - answering machine
puhua - speak, talk
puisto - park
puistot - parks
pukea päälle - put on
pukeutunut - dressed
pulpetti, työpöytä - desk
punainen - red
Puola - Poland
puoli - half; puoli yhdeksältä - at half past eight
purkaa - unload
purkki - jar
purra - bite
putosi - fell
puutarha - garden
pysähtyä, pysäyttää - stop
pyykkikone, pesukone - washer
pyytää anteeksi - excuse
radio - radio
raha - money
rajoitus - limit

rakas - dear
rakastaa - love
rakasti - loved
rakkaus - love
ranta - shore
raportoida - report
raskas, vaikea - hard
rautatieasema - railway
rengas - wheel
rikollinen, rikos - criminal
rotta - rat
ruoka - food
ruokkia - feed
ryöstäjä - robber
ryöstö, varkaus - robbery
sää - weather
saada, hankkia (jotain) - get (something); saada, olla lupa - may
sääntö - rule
saapua - arrive
saapui - arrived
sade; sataa - rain
sähkö- - electric
sähköposti - e-mail
säilyä, pysyä - remain
saksalainen - German
salaisesti, salaa - secretly
salaisuus - secret
sama - the same
samaan aikaan - at the same time
samalla kuin - while
sammuttaa - turn off
samoin, myös - as well
sana - word
sanat - words
sängyt - beds
sanko - pail
sänky - bed
sanoa - say
sanoi - said
sanomalehti - newspaper
sarja- - serial
sata - hundred
se - it

seepra - zebra
seikkailu - adventure
seisoa - stand
seitsemän - seven
seitsemäntoista - seventeen
seitsemäs - seventh
selittää - explain
selvä, varma, toki - sure
sen - its *(for neuter)*
seremonia, juhlatilaisuus - ceremony
seurasi, oli mukana - accompanied
seurata - accompany
siellä - there
siemen - seed
sihteeri - secretary
siitä lähtien - since *(temporal)*
siivota, siistiä - clean
sijasta, sen sijaan - instead
sillä välin - meanwhile
silmä - eye
silmät - eyes
silta - bridge
silti - still
sinä / te - you
sininen - blue
sinun, teidän - your; sinun sijastasi - instead of you
sireeni - siren
-sisällä, -ssa, -ssä - inside
sisar, sisko - sister
sitten; sen jälkeen - ago, then; after that
siviilisääty - family status
soittaa (puhelimella) - call, to phone; soittaa puhelimella - call on the phone
soitti - rang
soittivat - called
soitto - ring; soittaa, soida - to ring
sopimus - agreement
sopiva - suitable
sota - war
spanieli - spaniel
-ssa, -ssä, olla jossain, sisällä - in
-sta/-stä, jostakin - from
standardi - standard

status, asema, sääty - status
sujuva, sujuvasti - fluently
sukupuoli - sex
suljettu - closed
sulkea - close
suojella - protect
suositella - recommend
suositteli - recommended
suosittelu - recommendation
supermarketti, valintamyymälä - supermarket
surullinen - sad
suudella, suukottaa - kiss
suunnitella - to plan
suunnitelma - plan
suunnittelu - design
suuri (adj), suurella / suuresti (adv.) - wide, widely; suuri, suurempi, suurin - big / bigger / the biggest
syödä - eat
syy - reason
täällä, tässä (paikka) - here (a place)
tähti - asterisk, star
taide - art
taiteilija - artist
taito - skill
tajuton - unconscious
takaa-ajo - pursuit
takaisin - back
takana - behind
takki - jacket
taksi - taxi
taksinkuljettaja - taxi driver
talo - house
talous - finance
tämä - this; tämä kirja - this book
tämä asia, tämä "juttu" - this stuff
tänään - today
tankki - tanker
tänne (suunta) - here (a direction)
tanssi - danced
tanssia - dance
tanssiva - dancing
tapahtua - happen
tapahtunut - happened

tapasi - met
tappaja - killer
tappava - deadly
tappoi - killed
tarina - story
tärisi - shook
täristä - shake
tärkeä - important
tarkistaa - check
tarvita - need
tasku - pocket
tässä on - here is
tauko - break, pause
tavallinen - usual
tavata - meet
täysi - full
täytetty - stuffed; täytetty laskuvarjohyppääjä - stuffed parachutist
täyttää - fill up
täytyy, pitää, kuuluu, tarvitsee - must; Minun täytyy mennä. / Minun pitää mennä. - I must go.
tee - tea
teepannu - kettle
tehdä, valmistaa; kahvinkeitin - do, make; coffee-maker
tehtävä - task
tekniikka - method
teksti - text; teksti, kirjoitus - composition
televisio - television
temppu - trick
terveys - health
tie, katu, reitti - road, way
tiesi - knew
tietää, tuntea - know
tietenkin, tietysti, totta kai - of course
tieto - information
tietokone - computer
tiikeri - tiger
tiimi, joukkue - team
tilanne - situation
todella - really
toimisto - agency, office
toimittaja - journalist, reporter

toimiva - working
toinen - another, second
toinen nimi - middle name
toivo - hope; toivoa - to hope
tori - square
tosissaan - seriously
tuhat - thousand
tuhota - destroy
tuleva, tulevaisuuden - future
tuli, pääsi - came
tulipalo - fire
tulla / mennä - come / go
tunne - feeling
tunnilta - per hour
tuntea toisensa - know each other
tunti - hour; tunneittain, joka tunti - hourly
tuo - that
tuoda - bring
tuoli - chair
turvavyöt - seat belts
tutka - radar
tuuli - wind
tv, televisio - TV-set
tyhjä - blank, empty
tyhmä - silly
työ, työpaikka - job; työ; olla paljon töitä / työtä - work; have a lot of work
työnantaja - employer
työntää - push
työntekijä - worker
työskenteli - worked
työvoimatoimisto - job agency
tytär - daughter
tyttö - girl
tyttöystävä - girlfriend
uida - swim
ulvova - howling
unelma - dream
unelmoida - to dream
unohtaa - forget
urheilu; urheilukauppa - sport; sport shop
urheilupyörä - sport bike
USA - USA
USA:sta - from the USA

usein - often
uskoa - believe; ei uskoa silmiään - to not believe one's eyes
uskomaton - wonderful
uudestaan, uudelleen, taas - again
uusi - new
väärin - incorrectly
vaatteet (pl.) - clothes
vähän, harvat - few
vähemmän - less
vähintään, ainakin - at least
vahva, vahvasti, voimakkaasti - strong, strongly
vaikea - difficult
vaikka - although
vain - just, only
valas - whale
välipala - snack
välissä - between
valita - choose
valitsi - chose
välittömästi, heti - immediately
valkoinen - white
valmis - ready
valmistaa - produce
valmistautua - prepare
valokuvata; valokuvaaja - photograph; photographer
vanhempi - parent
vanhin - elder
vapaa; vapaa-aika - free; free time
vapauttaa, päästää vapaaksi - set free
varas - thief
varastaa - steal
varasti - stolen
varkaat - thieves
varovasti, tarkasti, tarkkaan - carefully
varsinkin, etenkin - especially
vasen - left
vastaan, vastoin - against
vastasi - answered
vastata; vastaus - answer
vastaus, ratkaisu - answer
väsynyt - tired

veli - brother
vesi - water
vesihana - tap
vessa, WC - toilet
vetää - pull
videokasetti - videocassette
videokauppa - video-shop
vielä - yet
vieraili - visited
vieras - guest
vihainen - angry
vihaisesti - angrily
vihata - hate
vihko, muistikirja, muistivihko - notebook
vihkot, vihot, muistikirjat, muistivihkot, muistivihot - notebooks
vihreä - green
viides - fifth
viikko - week
viimein, lopulta - at last
viisi - five
viisitoista - fifteen
virta - current
voi - butter, could
voida, kyetä, osata; Minä osaan lukea. - can; I can read.
voileipä - sandwich
voima - strength
vuosi - year; vuosi sitten - a year ago
yhdeksän - nine
yhdeksäs - ninth
yhdessä - together
Yhdysvallat, USA - the United States / the USA
yhtäkkiä - suddenly
yhtiö, firma - company
yksi - one; yksi kerrallaan - one by one; yksi lisää, yksi vielä - one more
yksinkertainen - simple
yksitellen - individually
yksitoikkoinen - monotonous
yksitoista - eleven
yleensä - usually
yleinen - usual
yleisö - audience
yli, läpi - over, past, across
ylikonstaapeli - sergeant
ylinopeutta ajanut - speeder
yllättää, yllättyä - to surprise
yllättynyt - surprised
yllätys - surprise
ymmärsi - understood
ymmärtää, käsittää - understand
ympäri - round
yö - night
yritti - tried
yritykset - firms
yritys - firm
ystävä - friend
ystävällinen - friendly

# English-Finnish dictionary

about - noin
accident - onnettomuus, vahinko
accompanied - seurasi, oli mukana
accompany - seurata
ad - mainos, ilmoitus
address - osoite
adventure - seikkailu
advert - mainos
afraid - peloissaan
after - jälkeen
again - uudestaan, uudelleen, taas
against - vastaan, vastoin
age - ikä
agency - toimisto
ago - sitten; a year ago - vuosi sitten
agree - olla samaa mieltä, olla yhtä mieltä
agreement - sopimus
air - ilma
airplane - lentokone
airshow - lentonäytös
alarm - hälytys
alien - avaruusolio
all - kaikki
all-round - monitaitoinen
along - pitkin, myöten
aloud - ääneen
already - jo
also - myös
although - vaikka
always - aina
American - amerikkalainen
and - ja
angrily - vihaisesti
angry - vihainen
animal - eläin
another - toinen
answer - vastata; vastaus, ratkaisu
answered - vastasi
answering machine - puhelinvastaaja
any - mitään
anything - jotakin, jotain
apply - hakea
arm - käsivarsi
arrive - saapua
arrived - saapui
art - taide
artist - taiteilija
as often as possible - niin usein kuin mahdollista
as well - samoin, myös
as, since *(kausal)* - kuten, koska
ask - kysyä, pyytää
asked - kysyi
aspirin - aspiriini
asterisk - tähti
at - olla jossain
at first - ensimmäiseksi
at half past eight - puoli yhdeksältä
at last - viimein, lopulta
at least - vähintään, ainakin
at one o'clock - kello yhdeltä
at the same time - samaan aikaan
attention - huomio
audience - yleisö
away - pois
back - takaisin
bad - huono, paha
bag - laukku
bank - pankki
barked - haukkui
bathroom table - kylpyhuoneen pöytä
bathroom; bath - kylpyhuone; kylpyamme
be - olla
be ashamed - hävettää; he is ashamed - häntä hävettää
be continued - jatkuu
be sorry - olla pahoillaan; I am sorry. - Olen pahoillani.
beautiful - kaunis
because - koska
bed - sänky
beds - sängyt
beep - piippaus
before - ennen
began - aloitti, alkoi
begin - aloittaa, alkaa

behind - takana
believe - uskoa; to not believe one's eyes - ei uskoa silmiään
better - parempi
between - välissä
big / bigger / the biggest - suuri, suurempi, suurin
bigger - isompi
bike - (polku)pyörä
billion - biljoona
bird - lintu
bite - purra
black - musta
blank, empty - tyhjä
blue - sininen
book - kirja
bookcase - kirjahylly
bother - häiritä
box - laatikko
boy - poika
boyfriend - poikaystävä
brake - jarru, jarruttaa
bread - leipä
break, pause - tauko
breakfast; have breakfast - aamiainen, aamupala; syödä aamiaista
bridge - silta
bring - tuoda
brother - veli
bus; go by bus - bussi, linja-auto; mennä bussilla / mennä linja-autolla
but - mutta
butter - voi
button - nappi
buy - ostaa
by the way - muuten
bye - hei, hei sitten, hei vaan, "heippa"
cable - kaapeli
café - kahvila
call - huutaa, kutsua, soittaa (puhelimella); call centre - puhelinkeskus; call on the phone - soittaa puhelimella
called - soittivat
came - tuli, pääsi
can; I can read. - voida, kyetä, osata; Minä osaan lukea.

Canada - Kanada
Canadian - kanadalainen
captain - kapteeni
car - auto
care - huolehtia jostakin
careful - huolellinen
carefully - varovasti, tarkasti, tarkkaan
cash - käteinen
cash register - kassa; cashier, teller - kassavirkailija
cat - kissa
catch - napata, ottaa kiinni
CD - CD; CD player - CD-soitin
central - keskus-, pää-
centre; city centre - keskusta; kaupungin keskusta
ceremony - seremonia, juhlatilaisuus
chair - tuoli
chance - mahdollisuus, tilaisuus
change - muutos; to change - muuttaa
check - tarkistaa
chemical - kemikaalinen
chemicals - kemikaalit
chemistry - kemia
child - lapsi
children - lapset
choose - valita
chose - valitsi
city - kaupunki
class - luokka
classroom - luokkahuone
clean - siivota, siistiä, puhdas
cleaned - pesty
clever - fiksu
close - lähellä, sulkea
closed - suljettu
closer - lähempänä
clothes - vaatteet (pl.)
club - kerho
coffee - kahvi
cold - kylmä
coldness - kylmyys
colleague - kollega, työtoveri, työkaveri
college - korkeakoulu, yliopisto
come / go - tulla / mennä
company - yhtiö, firma

competition - kilpailu
compose - laatia, kirjoittaa
composition - teksti, kirjoitus
computer - tietokone
confused - hämmentynyt
constant - jatkuva
consult - konsultoida, neuvoa
consultancy - konsultointi
consultant - neuvoja
continue - jatkaa; continue to watch - jatkaa katsomista
control - hallinta, valvonta
cooker - liesi, hella
cooking - kokkaava, kokaten
co-ordination - koordinaatio
correct, correctly - oikea, oikein; to correct - korjata
cost - maksaa, olla hinta
could - voi
country - maa
course - kurssi
creative - luova
cried - huusi
criminal - rikollinen, rikos
cry - itkeä, kiljahtaa, huutaa
crystal - kristalli, kide
cup - kuppi
current - virta
customer - asiakas
dad - isä
daddy - isi
damn - hitto
dance - tanssia
danced - tanssi
dancing - tanssiva
dark - pimeä
date - päivämäärä
daughter - tytär
David's book - Davidin kirja
day - päivä; daily - päivittäin
deadly - tappava
dear - rakas
design - suunnittelu
desk - pulpetti, työpöytä
destroy - tuhota
develop - kehittää

did - oli
die - kuolla
died - kuoli
different - erilainen
difficult - vaikea
dirty - likainen
do - tehdä
Do not worry! - Älä huolehdi!
doctor - lääkäri
dog - koira
doll - nukke
door - ovi
dorms - opiskelija-asuntola
down - alas
dream - unelma, unelmoida
dressed - pukeutunut
drink - juoda
drive - ajaa
driver - ajaja, kuljettaja
driving license - ajokortti
drove - ajoi
dry *(adj)* - kuiva; to dry - kuivata
DVD - DVD
ear - korva
earn - ansaita, tienata; I earn 10 dollars per hour. - Minä tienaan 10 dollaria tunnissa.
earth - maa
eat - syödä
editor - päätoimittaja
education - koulutus
eight - kahdeksan
eighth - kahdeksas
either of you - jompikumpi teistä
either, too, also - myöskään
elder - vanhin
electric - sähkö-
eleven - yksitoista
else - muu, muut
e-mail - sähköposti
employer - työnantaja
empty - tyhjä
energy - energia
engine - moottori
engineer - insinööri
enjoy - nauttia
especially - varsinkin, etenkin

estimate - arvioida
estimated - arvioi
etc. - jne.
evening - ilta
every - joka, jokainen
everybody - kaikki, jokainen
everything - kaikki
example - esimerkki
excuse - pyytää anteeksi; Excuse me. - Anteeksi.
experience - kokemus
explain - selittää
eye - silmä
eyes - silmät
face - kasvot (pl.)
fall - pudota, pudotus, kaatua
fallen - pudonnut
falling - pudoten, putoava
family - perhe
family status - siviilisääty
far - kaukana
farm - maatila
farmer - maanviljelijä
fasten - kiinnittää
favourite - lempi-, mieli-, suosikki-; favourite film - lempielokuva, mielielokuva, suosikkielokuva
feed - ruokkia
feeling - tunne
fell - putosi
female - nainen, naispuolinen
few - vähän, harvat; a few - muutama; joitakin, muutamia
field - kenttä, pelto
fifteen - viisitoista
fifth - viides
fill up - täyttää
film - elokuva
finance - talous
find - löytää, etsiä
fine - hieno, hyvä
finish - loppu; to finish - lopettaa, päättää
finished - lopetettu
fire - erottaa, tulipalo
firm - yritys
firms - yritykset

five - viisi
flew away - lensi pois
float - kellua
floating - kelluminen
floor - lattia
flow - kulku, virtaus
flower - kukka
fluently - sujuva, sujuvasti
food - ruoka
foot - jalka
for - jotakin / jotakuta varten; (-lle, jollekin, jotakin varten)
for example - esimerkiksi
forget - unohtaa
form - lomake, kaavake
forty-four - neljäkymmentäneljä
found - löytyi
four - neljä
fourth - neljäs
free; free time - vapaa; vapaa-aika
freeze - jähmettyä
friend - ystävä
friendly - ystävällinen
from - (-sta/-stä, jostakin); from the USA - USA:sta
front - etupuoli, etu-
front wheels - eturenkaat
full - täysi
fun - hauskuus
funny - hauska
furniture - huonekalu
further - edemmäs, kauemmas
future - tuleva, tulevaisuuden
garden - puutarha
gas - kaasu
gave - antoi
German - saksalainen
get (something) - saada, hankkia (jotain)
get (somewhere) - päästä (jonnekin)
get off - poistua
get up - nousta ylös; Get up! - Nouse ylös!
gift - lahja
girl - tyttö
girlfriend - tyttöystävä
give, hand - antaa
glad - iloinen

glass - lasi
go away - lähteä
go by bike, ride a bike - ajaa pyörällä
go; I go to the bank. - mennä; Minä menen pankkiin.
gone - poissa
good, well - hyvä (adj.), hyvin (adv.)
goodbye - näkemiin
great - mahtava
green - vihreä
grey - harmaa
grey-headed - harmaahiuksinen
guest - vieras
gun - ase
guy - kaveri
had - oli, omisti
hair - hiukset (pl.)
half - puoli
handcuffs - käsiraudat
happen - tapahtua
happened - tapahtunut
happiness - onnellisuus
happy - iloinen, onnellinen
hard - raskas, vaikea
hat - hattu
hate - vihata
have; he/she/it has; He has a book. - on, olla, omistaa; Hänellä on kirja.
he - hän
head - pää; to head, to go - suunnata, mennä
health - terveys
heard - kuuli
hello - hei, moi, terve
help; to help - apu; auttaa
helper - apulainen
her - hänen kirjansa
here (a direction) - tänne (suunta)
here (a place) - täällä, tässä (paikka)
here is - tässä on
Hey! - Hei!
hi - moi, hei
hid - piiloutui
hide - piiloutua, piileskellä
hide-and-seek - piiloleikki
high - korkea
him - häntä

his; his bed - hänen sänkynsä
hit, beat - lyödä, iskeä
home; go home - koti; mennä kotiin
homework - läksy, kotitehtävä
hope - toivo; to hope - toivoa
host - isäntä
hotel - hotelli
hotels - hotellit
hour - tunti; hourly - tunneittain, joka tunti
house - talo
how - kuinka
howling - ulvova
human - ihminen
hundred - sata
hungry - nälkäinen; I am hungry. - Minulla on nälkä. / Olen nälkäinen.
I - minä
ice-cream - jäätelö
idea - idea, ajatus
if - jos
immediately - välittömästi, heti
important - tärkeä
in - (-ssa, -ssä, olla jossain, sisällä)
incorrectly - väärin
individually - yksitellen
inform - ilmoittaa, kertoa, informoida, tiedottaa
information - tieto
informed - ilmoitti
inside - sisällä, -ssa, -ssä
instead - sijasta, sen sijaan
instead of - jonkin sijasta / jonkin sijaan
instead of you - sinun sijastasi
interesting - mielenkiintoinen
Internet site - internetsivu
into - jonnekin
it - se
its *(for neuter)* - sen
jacket - takki
jar - purkki
job - työ, työpaikka
job agency - työvoimatoimisto
join - liittyä
journalist - toimittaja
jump - hypätä; hyppy
just - vain

kangaroo - kenguru
kettle - teepannu
key - avain
keyboard - näppäimistö
killed - tappoi
killer - tappaja
killer whale - miekkavalas
kilometer - kilometri
kind, type - laji, tyyppi
kindergarten - päiväkoti
kiss - suudella, suukottaa
kitchen - keittiö
kitten - kissanpentu, kissanpoikanen
knew - tiesi
know - tietää, tuntea
know each other - tuntea toisensa
lake - järvi
land - laskeutua
language - kieli
laser - laser
last, take; The movie lasts more than three hours. - kestää; Elokuva kestää yli kolme tuntia.
laugh - nauraa
leader - johtaja
learn - oppia
learned about - oppi
learning - oppiminen
leave - jättää, jätti
left - vasen
leg - jalka
less - vähemmän
lesson - läksy, harjoitus
let - antaa, sallia
let us - -kaamme, -käämme
letter - kirje
life - elämä, henki
life-saving trick - hengenpelastustemppu
lift - hissi
like - pitää, tykätä; I like that. - Minä pidän siitä.
limit - rajoitus
lion - leijona
list - lista
listen carefully - kuunnella tarkasti / tarkkaan

listen; I listen to music. - kuunnella; Minä kuuntelen musiikkia.
little - pieni
live - elää, asua
lived - asui
living - asuva
load - lastata, lastatat; loader - lastaaja, kuormaaja
long - pitkä
look - katsoa; look around - katsoa ympäriinsä
looked - katsoi
loose - menettää
lot - paljon
love - rakastaa
loved - rakasti
machine - kone
magazine - aikakauslehti
make; coffee-maker - tehdä, valmistaa; kahvinkeitin
male - mies, miespuolinen
man - mies, ihminen
manual work - fyysinen työ, ruumiillinen työ
many - monta
map - kartta
mattress - patja
may - saada, olla lupa
me - minua
meanwhile - sillä välin
medical - lääketieteellinen
meet - tavata
member - jäsen
men - miehet
mental work - älyllinen, luovuutta ja ajattelua vaativa työ (mental work in Finland mostly means physically light work; kevyt työ)
met - tapasi
metal - metalli
meter - metri
method - tekniikka
microphone - mikrofoni
middle name - toinen nimi
mine - minun
minute - minuutti
Miss - neiti
mister, Mr. - herra, hra
mobile - matkapuhelin

mom, mother - äiti
moment - hetki
Monday - maanantai
money - raha
monkey - apina
monotonous - yksitoikkoinen
more - lisää, enemmän
morning - aamu
mosquito - hyttynen
mother - äiti
moved - liikkui
much - paljon
music - musiikki
must - täytyy, pitää, kuuluu, tarvitsee; I must go. - Minun täytyy mennä. / Minun pitää mennä.
must not - ei täydy, ei pidä, ei kuulu, ei tarvitse, ei saa
my - minun
mystery - mysteeri
name; nennen - nimi; nimittää
nationality - kansallisuus, kansalaisuus
native language - äidinkieli
nature - luonto
near, nearby, next - lähellä
nearest - lähin
nearness - läheisyys
need - tarvita
neighbour - naapuri
never - ei koskaan
new - uusi
newspaper - sanomalehti
nice - mukava, kiva
night - yö
nine - yhdeksän
ninth - yhdeksäs
no - ei
nobody - ei kukaan
North America and Eurasia - Pohjois-Amerikka ja Euraasia
nose - nenä
not - ei
note - muistiinpano, kirjelappu, muistio
notebook - vihko, muistikirja, muistivihko
notebooks - vihkot, vihot, muistikirjat, muistivihkot, muistivihot

nothing - ei mitään
now - nyt
number - numero
o'clock - kello; It is two o'clock. - Kello on kaksi.
of course - tietenkin, tietysti, totta kai
office - toimisto
officer, policeman - poliisi
often - usein
Oh! - Ai!
oil - öljy
OK, well - ok, selvä, selvä juttu, selvän teki
okay, well - okei, ok, selvä
on - (-lla/-llä, olla jonkin päällä)
on foot - jalkaisin
once - kerran
one - yksi
one by one - yksi kerrallaan
one more - yksi lisää, yksi vielä
only - vain
open - avata, auki
opened - avasi
order - käskeä
other - muu, muut
our - meidän
out of order - pois(sa) käytöstä
outdoors - pihalla, ulkona
over, across - yli, läpi
own - oma
owner - omistaja
paid - maksoi
pail - sanko
pale - kalpea
panic - paniikki; to panic - panikoida
paper - paperi
parachute - laskuvarjo
parachutist - laskuvarjohyppääjä
parent - vanhempi
park - puisto
parks - puistot
part - osa
participant - osallistuja
pass a test - läpäistä koe
passed - meni
past - ohi; yli
patrol - partio

pay - maksaa
pay attention to - kiinnittää huomiota johonkin, huomioida jotakin
pen - kynä
pens - kynät
people - ihmiset
per hour - tunnilta
person - henkilö
personal - henkilökohtainen
personnel department - henkilöstöosasto
pet - lemmikki
pharmacy - apteekki
phone - puhelin, soittaa (puhelimella)
phone handset - puhelimen luuri
photograph; photographer - valokuvata; valokuvaaja
phrase - lause
picture - kuva
pill - pilleri, tabletti
pilot - pilotti
pitch - keinua
place - asettaa, laittaa; paikka
plan - suunnitella, suunnitelma
planet - planeetta
plate - lautanen (kuppi, kippo)
play - leikkiä, pelata, soittaa
playing - leikkiminen
please - ole hyvä, olkaa hyvä (olisitko ystävällinen)
pocket - tasku
pointed - osoitti
Poland - Puola
police - poliisi
poor - parka, raukka
position - asema
possibility - mahdollisuus
possible - mahdollinen
pour - kaataa
prepare - valmistautua
press - painaa
pretend - esittää, teeskennellä
price - hinta
problem - ongelma
produce - valmistaa
profession - ammatti
program - ohjelma

programmer - ohjelmoija
protect - suojella
publishing - kustannus-
pull - vetää
puppy - pentu
pursuit - takaa-ajo
push - työntää
pussycat - kisumirri
put on - pukea päälle
questionnaire - kyselylomake
queue - jono
quick, quickly - nopea, nopeasti
quietly - hiljaa
quite - melko
radar - tutka
radio - radio
railway - rautatieasema
rain - sade; sataa
rang - soitti
rat - rotta
read - lukea
reading - lukien, lukeva
ready - valmis
real - oikea
really - oikeasti, todella
reason - syy
recommend - suositella
recommendation - suosittelu
recommended - suositteli
record - nauhoittaa
red - punainen
refuse - kieltäytyä
rehabilitate - kuntouttaa
rehabilitation - kuntoutus
remain - säilyä, pysyä
remembered - muisti
report - raportoida
reporter - toimittaja
rescue - pelastaa
rescue service - pelastuspalvelu
ricochet - kimmota
right - oikea
ring - soitto; to ring - soittaa, soida
road - tie, katu
robber - ryöstäjä
robbery - ryöstö, varkaus

roof - katto
room - huone
rooms - huoneet
round - ympäri
rub - hieroa
rubber - kumi-, kuminen
rubric - otsikko
rule - sääntö
run - juosta, hölkätä, lenkkeillä
run away - karata
running - kulkea
rushed - kiirehti
sad - surullinen
safe - kassakaappi
said - sanoi
sand - hiekka
sandwich - voileipä
Saturday - lauantai
save - pelastaa
saw - näki
say - sanoa
school - koulu
sea - meri
seashore - merenranta
season - kausi, vuodenaika
seat - istuin, paikka; take a seat - istua paikalle
seat belts - turvavyöt
second - toinen
secret - salaisuus
secretary - sihteeri
secretly - salaisesti, salaa
see - nähdä
seed - siemen
seldom - harvoin
sell - myydä
sent - lähetti
sergeant - ylikonstaapeli
serial - sarja-
seriously - tosissaan
servant - palvelija
serve - palvella
set free - vapauttaa, päästää vapaaksi
seven - seitsemän
seventeen - seitsemäntoista
seventh - seitsemäs

sex - sukupuoli
shake - täristä
she - hän
sheet (of paper) - arkki
ship - laiva
shook - tärisi
shop - kauppa
shop assistant - myyjä
shopping center - ostoskeskus
shops - kaupat
shore - ranta
short - lyhyt
shot - ampui
show - näyttää
showed - näytti
silent, silently - äänetön, äänettömästi / hiljaa
silly - tyhmä
simple - yksinkertainen
since - koska, lähtien; since *(temporal)* - siitä lähtien
sing - laulaa; singer - laulaja
single - naimaton
siren - sireeni
sister - sisar, sisko
sit - istua; sit down - istua alas
situation - tilanne
six - kuusi
sixth - kuudes
sixty - kuusikymmentä
skill - taito
sleep - nukkua
sleeping - nukkua
slightly - kevyesti
slowly - hiljaa, hitaasti
sly, slyly - ovela, ovelasti
small - pieni
smart - fiksu, nokkela, älykäs, viisas
smile - hymy, hymyillä
smiled - hymyili
snack - välipala
so - joten
some - joitain, joitakin, muutama, muutamia
somebody - joku
something - jotain, jotakin
sometimes - joskus, toisinaan
son - poika

soon - pian
space - avaruus
spaceship - avaruusalus
spaniel - spanieli
Spanish - espanjalainen, espanjankielinen
speak - puhua
speech - puhe
speed - nopeus; to speed - ajaa ylinopeutta
speeder - ylinopeutta ajanut
spend - kuluttaa, käyttää
sport bike - urheilupyörä
sport; sport shop - urheilu; urheilukauppa
spread - levittää
square - tori
stairs - portaat, rappuset
stand - seisoa
standard - standardi
star - tähti
start - aloittaa, alkaa, käynnistää
started - lähti liikkeelle
status - status, asema, sääty
steal - varastaa
steer - ohjata
step; to step - askel; talloa, astua, painaa
stepped - astui, painoi
still - silti
stinking - haiseva
stolen - varasti
stone - kivi
stop - pysähtyä, pysäyttää
stopped - lopetti
story - tarina
strange - outo
street - katu
streets - kadut
strength - voima
strong, strongly - luja / kova (adj.), lujasti / kovasti (adv.); vahva, vahvasti, voimakkaasti
student - opiskelija
students - opiskelijat
study - opiskella
stuffed - täytetty; stuffed parachutist - täytetty laskuvarjohyppääjä
suddenly - yhtäkkiä
suitable - sopiva

supermarket - supermarketti, valintamyymälä
sure - selvä, varma, toki
surprise - yllättää, yllättyä; yllätys
surprised - yllättynyt
swallow - nielaista
swim - uida
switched on - käynnisti
table - pöytä
tables - pöydät
tail - häntä
take - ottaa
take part - osallistua
taken - otti
talk - puhua
tanker - tankki
tap - vesihana
task - tehtävä
tasty - maukas, herkullinen
taxi - taksi
taxi driver - taksinkuljettaja
tea - tee
teach - opettaa
teacher - opettaja
team - tiimi, joukkue
telefone - puhelin; to telephone - soittaa (puhelimella)
television - televisio
tell, say - kertoa, sanoa
ten - kymmenen
tenth - kymmenes
test - koe; kokeilla, testata
text - teksti
textbook - oppikirja
than - kuin; George is older than Linda. - George on vanhempi kuin Linda.
thank - kiittää; thank you, thanks - kiitoksia, kiitos, kiitti
that - tuo; että; I know that this book is interesting. - Tiedän, että tämä kirja on mielenkiintoinen.
the host family - isäntäperhe
the same - sama
the United States / the USA - Yhdysvallat, USA
their - heidän, niiden
then; after that - sitten; sen jälkeen

there - siellä
these - nämä
they - he, ne
thief - varas
thieves - varkaat
thing - asia, esine, "juttu"
think - ajatella
thinking - ajatteleva, ajatellen
third - kolmas
thirty - kolmekymmentä
this - tämä; this book - tämä kirja
this stuff - tämä asia, tämä "juttu"
those - nuo
thousand - tuhat
three - kolme
through - läpi
ticket - lippu
tiger - tiikeri
time - aika
tired - väsynyt
today - tänään
together - yhdessä
toilet - vessa, WC
tomorrow - huominen, huomenna
too - liian, liikaa, myös
took - otti, vei
town - kaupunki
toy - lelu
train - juna, kouluttaa; trained - koulutettu
translator - kääntäjä
transport - kuljetus
travel - matkustaa
trick - temppu
tried - yritti
trousers - housut (pl.)
truck - kuorma-auto
try - kokeilla
turn - kääntää
turn off - sammuttaa
turn on - laittaa päälle
turned - kääntyi
TV-set - tv, televisio
twelve - kaksitoista
twenty - kaksikymmentä
twenty-five - kaksikymmentäviisi
twenty-one - kaksikymmentäyksi

twice - kaksi kertaa
two - kaksi
unconscious - tajuton
under - alla
underline - alleviivata
understand - ymmärtää, käsittää
understood - ymmärsi
unfair - epäreilu
unload - purkaa
until - kunnes
us - meitä
USA - USA
use - käyttää
usual - tavallinen; yleinen
usually - yleensä
very - hyvin, erittäin
vet - eläinlääkäri
videocassette - videokasetti
video-shop - videokauppa
village - kylä
visited - vieraili
voice - ääni
wait - odottaa
waited - odotti
walk - kävellä
walking - kävelevä, kävellen
want - haluta, tahtoa
wanted - halusi
war - sota
warm - lämpö
warm up - lämmittää
was - oli
wash - pestä
washer - pyykkikone, pesukone
watch - kello
water - vesi
wave - aalto
way - tie, reitti
we - me
weather - sää
week - viikko
went - meni pois
were - olivat
wet - märkä
whale - valas
what - mitä, mikä

What is the matter? - Mikä on vikana? / Mikä on hätänä?
What is this? - Mitä / Mikä tämä on?
What table? - Mikä pöytä?
wheel - rengas
when - milloin, kun
where - missä
which - joka
while - samalla kuin
white - valkoinen
who - joka, kuka
whose - jonka
wide, widely - suuri (adj), suurella / suuresti (adv.)
will - aikoa
wind - tuuli
window - ikkuna
windows - ikkunat
with - (jonkun) kanssa
without - ilman; without a word - ilman sanoja, sanomatta sanaakaan
woman - nainen
wonderful - loistava; uskomaton
word - sana
words - sanat
work; have a lot of work - työ; olla paljon töitä / työtä
worked - työskenteli
worker - työntekijä
working - toimiva
world - maailma
worry - huolehtia
write - kirjoittaa
writer - kirjoittaja, kirjailija
wrote - kirjoitti
yard - piha
year - vuosi
yellow - keltainen
yes - kyllä
yesterday - eilen
yet - vielä
you - sinä / te
young - nuori
your - sinun, teidän
yours sincerely - parhain terveisin
zebra - seepra
zoo - eläintarha

www.ingramcontent.com/pod-product-compliance
Lightning Source LLC
Chambersburg PA
CBHW080344170426
43194CB00014B/2684